Manfred Böckl

# Vom Stachel ihrer Gier werden sie getötet

ISBN 978-3-89682-186-7

© 2010, SüdOst Verlag GmbH, München
www.suedost-verlag.de

Manfred Böckl

# Vom Stachel ihrer Gier
## werden sie getötet

Prophezeiungen zur Weltwirtschaftskrise
und ihren möglichen katastrophalen Folgen

SüdOst Verlag

# Inhalt

*„Your new book seems very hard but true!*
*Money destroys everything ... "*
„Es scheint, als sei dein neues Buch hart aber wahr!
Geld zerstört alles ..."

(Kommentar zum Manuskript dieses Buches von einer französischen Freundin des Autors. Sie arbeitete mehr als dreißig Jahre für einen US-Konzern im Raum Paris und verlor Ende 2009 zusammen mit vielen anderen ihren Arbeitsplatz, weil die amerikanischen Konzernmanager beschlossen hatten, die gesamte französische Niederlassung nach Deutschland zu verlegen. Und all jene Angestellten, die aus persönlichen Gründen nicht mit umziehen konnten, wurden „abgebaut" – oder ehrlicher ausgedrückt: in die Arbeitslosigkeit getrieben.)

Einführung

# Moralische Fehlentwicklungen
# als Ursachen der Weltwirtschaftskrise

*Wenn das Millennium einsetzt,*
*das auf das Millennium folgt:*
*Wird der Mensch goldenes Fieber im Blut haben.*
*Bei der Betrachtung des Sternenhimmels*
*wird er gleißende Stücke Mammon zählen.*
*Wenn er den Tempel betritt,*
*wird Krämergeschrei sein.*
*Aus den Getreuen werden*
*Hurenböcke des Geldes und Wucherer*
*geworden sein.*
*Mit dem Schwert wird die Tücke der Schlange*
*verteidigt werden.*

Diese Prophezeiung findet sich im erschütternden Weissagungs-kanon des Tempelritters Johannes von Jerusalem.[1] Der umfang-reiche Kanon, der vierzig große Visionen enthält, wurde im frühen zwölften Jahrhundert verfaßt, und der Templer legte darin Schauungen nieder, die sich auf das dritte und vierte Jahr-tausend christlicher Zeitrechnung beziehen. Mit dem Millen-nium, das auf das Millennium (des Johannes von Jerusalem) folgt, ist das dritte Jahrtausend gemeint. In dem oben zitierten Text äußert sich der Tempelritter über den Beginn dieses dritten Millenniums, also über unsere Zeit – und was er hier anpran-

---

[1] Nähere Informationen zu den Visionären, die in diesem Buch vorgestellt werden, enthält das Schlußkapitel „Kurzbiographien der Propheten".

gert, könnte man in modernem Sprachgebrauch etwa so ausdrücken: Die Menschheit ist von hemmungsloser Profitgier befallen und erniedrigt sich dadurch selbst. Finanzhurerei, Betrug und Wucher sind die Zeichen dieser Epoche, und um das neokapitalistische System mit all seiner Bösartigkeit und Tücke am Leben zu erhalten, scheut man selbst vor Kriegen nicht zurück. Es sieht ganz so aus, als hätte Johannes von Jerusalem mit seinen Worten der westlichen, von den USA dominierten Welt einen Spiegel vorhalten wollen. Unwillkürlich denkt man bei der Lektüre der Prophezeiung aus dem zwölften Jahrhundert an die unsägliche Raffgier und Skrupellosigkeit gewisser Konzernmanager oder Investmentbanker, die sich einzig noch ihren unmoralisch hohen Bonuszahlungen und nicht im mindesten dem Allgemeinwohl verpflichtet fühlen; man denkt an die riesigen Schäden, welche diese Herren in den Wirtschaftssystemen der ganzen Welt anrichteten und weiter anrichten; man denkt an den Zusammenbruch von Lehman-Brothers und anderen Banken – und man denkt an die Kriege, die von Vater und Sohn Bush vom Zaun gebrochen wurden: beide US-Präsidenten Vertreter und Nutznießer des entfesselten Neokapitalismus, der sich nach dem Zusammenbruch des „kommunistischen" Ostblocks am Ende des zweiten Jahrtausends so aggressiv und verderblich herausbildete. Und diese Entwicklung wiederum drückte Johannes von Jerusalem mit folgenden Sätzen aus:

*Wenn das Millennium einsetzt,*
*das auf das Millennium folgt:*
*Entsteht eine finstere, heimliche Ordnung.*
*Neid wird ihr Schlachtruf sein und Gift ihr Schwert.*
*Sie wird schrankenlos Gold raffen*
*und den Erdkreis unter ihre Peitsche zwingen.*
*Durch einen Blutkuß*

*schmiedet die Ordnung den finsteren Pakt.*
*Sie zwingt ihr heimliches Gesetz*
*den Menschen ohne Macht*
*und den Menschen guten Herzens auf.*
*Aus der Finsternis heraus*
*befiehlt die Ordnung ihr einziges Gesetz.*

Der Tempelritter spricht hier von einer Verschwörung derjenigen, deren infames Ziel die Weltherrschaft des schrankenlosen Kapitalismus ist. Die Neokapitalisten agieren im verborgenen; sie unterwandern die demokratischen Gesellschaftsordnungen und planen ihre fatale „neue Weltordnung", deren heimliches Gesetz allein noch die enthemmte Profitgier einiger weniger sein soll. Und die anständigen Menschen, die Milliarden, die ehrliche Arbeit verrichten und eine humane Welt wollen, sind machtlos dagegen, weil die Zerstörer der Demokratien und der sozialen Gerechtigkeit aus der Finsternis heraus agieren: aus Bereichen, die sich in einem globalisierten Finanz- und Wirtschaftssystem zunehmend der staatlichen Kontrolle entziehen. Dies aber wird zu Zuständen führen, wie Johannes von Jerusalem sie anschließend schildert:

*Wenn das Millennium einsetzt,*
*das auf das Millennium folgt:*
*Betritt der Mensch ein finsteres Labyrinth,*
*in dem er sich rettungslos verirrt.*
*Von Furcht erfüllt, schlägt er die Hand vor die Augen,*
*sein Blick durchdringt die Dunkelheit nicht mehr.*
*Vom Zweifel gewarnt, schreckt er zurück,*
*jeder Schritt jagt ihm Angst ein.*
*Aber er wird vorwärts gepeitscht,*
*die Dunkelheit gönnt ihm keine Besinnung.*

*Der Mensch vernimmt nicht Kassandras Stimme,*
*so laut und eindringlich sie auch ruft.*

*Denn Gier treibt ihn,*
*und seinen Blick umgaukeln Trugbilder.*
*Finstere Herrscher,*
*die sich zu seinen Meistern aufwerfen wollen,*
*täuschen und verlocken den Menschen.*
*Einzig noch schlechten Hirten ist er ausgeliefert.*

Die Menschheit taumelt in einen Abgrund, und sie ist durch
die kriminellen Machenschaften der neuen Herrscher derart
verblendet, daß sie nicht mehr fähig ist, auf die Stimmen derjenigen zu hören, welche die Bedrohung erkennen und davor
warnen. Denn die meisten Menschen sind in ihrer eigenen verdummenden Gier nach Geld und fragwürdiger „Karriere", soge-
nanntem „Fun" und billigen „Events" wehrlos gegenüber dem
Trügerischen, von dem sie verführt und manipuliert werden.
Zum Beispiel durch bestimmte private Fernsehsender, gewisse
Printmedien und süchtig machende Computerspiele, die ganz
offensichtlich nur noch einen Zweck haben: das Volk zu ver-
blöden und zu einer Masse von hirnlosen Konsumidioten zu
machen – und diese Zustände drückt Johannes von Jerusalem
sodann so aus:

*Wenn das Millennium einsetzt,*
*das auf das Millennium folgt:*
*Werden Zwingherren ohne Glauben regieren.*
*Tyrannen werden sie sein*
*über hilflose und ahnungslose Menschenströme.*
*Die Gesichter der Bösartigen werden verhüllt sein*
*und die Namen der bösartigen Herrscher geheim.*

*Tief in unzugänglichen Forsten*
*verbergen sich ihre uneinnehmbaren Zwingburgen.*
*Das Schicksal aller Menschen*
*halten sie in ihren eisernen Fäusten.*
*Kein Unberufener findet Zugang*
*zu den Festungen ihrer heimlichen Ordnung.*
*Die Menschen glauben,*
*freie Männer und von ritterlichem Reichtum zu sein.*
*Aber in Wahrheit sind sie Leibeigene und Sklaven.*

Ein entfesselter, brutaler Neokapitalismus, der nach den Worten des mittelalterlichen Tempelritters von „Zwingburgen" aus gesteuert wird (von geheimen Schaltzentralen der bösartigen Macht), versklavt also die Menschen, die sich ihres traurigen Schicksals noch nicht einmal bewußt sind. Auf diese Weise werden die freiheitlichen Gesellschaftsordnungen und mit ihnen Werte wie Humanität, Barmherzigkeit, altruistisches Denken und Handeln sowie tätiges Mitleid mit den Schwachen und Benachteiligten zerstört. Solcher Werteverlust aber führte bereits im ausgehenden zwanzigsten und beginnenden einundzwanzigsten Jahrhundert zu einem Niedergang der Menschlichkeit und damit der wahren Lebensqualität in den westlichen Industriestaaten. Dieser Werteverlust war letzlich der Nährboden für das Hochkommen und den gefährlichen, desaströsen Triumph der neokapitalistischen Skrupellosigkeit – und neben Johannes von Jerusalem prangerten auch andere Propheten diese im Prinzip menschenunwürdigen gesellschaftlichen Zustände an.

Der bayerische Hellseher Mühlhiasl etwa, der von 1753 bis 1809 lebte, kritisierte die Herzlosigkeit sowie andere soziale und staatliche Mißstände um die Wende vom zweiten zum dritten Jahrtausend mit diesen Aussagen:

*Wenn alles drunter und drüber geht.*
*Nachher ist die Zeit da.*

*Einerlei Geld kommt auf.*

*Sobald es angeht, ist einer über dem anderen.*
*Raufen tut alles.*
*Wer etwas hat, dem wird`s genommen.*

*Jeder wird einen anderen Kopf aufhaben,*
*und eins wird das andere nicht mehr mögen.*
*Der Bruder wird den Bruder nicht mehr kennen*
*und die Mutter die Kinder nicht.*
*Zwei Holzhauer sitzen auf einem Stock*
*und dürfen einander nicht trauen.*

*Gesetze werden gemacht, die niemand mehr*
*achtet, und Recht wird nimmer Recht sein.*
*Die hohen Herren sitzen zusammen*
*und machen Steuern aus.*

*Es werden große Häuser gebaut werden.*
*Aber die Besitzer möchten gern*
*mit dem Häuselmann tauschen,*
*weil solche Steuern kommen,*
*daß sie nicht einmal die Großen bezahlen können.*

Durch das „einerlei Geld", das eingeführt wird, den Euro, werden
diese Prophezeiungen zeitlich definiert. Weiter beschreibt der Bayerwaldprophet Mühlhiasl hier sehr treffend die herzlose Ellenbogengesellschaft, die sogar Familien und Freunde auseinanderreißt.
Außerdem kritisiert er die gegenwärtige Paragraphenjustiz,

die vielfach zu „Rechtssprechungen" fähig ist, die kein normal denkender Mensch mehr nachvollziehen kann. So wie beispielsweise in jenem Fall aus dem Jahr 2009, wo ein bundesdeutsches Gericht die Kündigung des Arbeitsvertrages einer Altenpflegerin für legal erklärte, nur weil die Frau einige im Altenheim übriggebliebene Maultaschen mit nach Hause genommen hatte.

Und schließlich spricht der Mühlhiasl die immensen Steuerbelastungen an, unter denen die Deutschen und die übrigen EU-Bürger stöhnen: Steuern und andere Abgaben, die mittlerweile so drückend geworden sind, daß sie im Regelfall gut die Hälfte eines durchschnittlichen Bruttoeinkommens auffressen.

***

Den Verlust der Menschlichkeit und das Zerbrechen sozialer Strukturen zu Beginn des dritten Millenniums prangerte im Frühmittelalter auch der britische Visionär Merlin an:

*Eine Eule wird auf den Mauern von Gloucester nisten,*
*und aus ihrem Nest wird ein Esel ausschlüpfen.*
*Die Schlange von Malvern wird diesen Esel aufziehen*
*und ihn viele betrügerische Kunststücke lehren.*
*Der Esel wird sich eine Krone aufsetzen*
*und sich dann über das Erhabenste aufwerfen.*
*In den Tagen des Esels werden die Berge erzittern,*
*und das Land wird seiner Wälder entkleidet werden.*
*Der Vater wird seinen eigenen Sohn nicht mehr kennen.*

Obwohl diese eineinhalb Jahrtausende alte Prophezeiung dunkel und fremdartig klingt, weil sie mit uralter keltischer Metaphorik arbeitet und typisch keltische Metamorphosen transportiert, decken sich ihre Aussagen bei genauem Hinsehen doch sehr deutlich mit denen der zuvor zitierten Visionäre. In der Schlange und im Esel werden die machthungrigen, neokapitalistischen Zerstörer der Menschlichkeit, des Anstandes und auch der Natur kenntlich – und der Satz über den Vater, der (in einer immer herzloser werdenden Gesellschaft) seinen eigenen Sohn nicht mehr kennt, findet sich ganz ähnlich beim Mühlhiasl.

***

In den prophetischen Aufzeichnungen des Allgäuer Alpenschäfers Hanns Tobias Velten, die aus dem neunzehnten Jahrhundert stammen, heißt es:

*Die Armen kämpfen mit den Reichen um das tägliche Brot, und der einzelne kämpft wieder mit dem anderen und sucht ihm den Vorteil abzugewinnen, denn alles strebt nach dem Mammon der Welt, um die Lust des Lebens zu genießen. Noch fehlt es nicht an Brot, und die Erde liefert reichlich ihre Ernten und nährt die Menschen, die Tag und Nacht darauf sinnen, ihr noch mehr abzugewinnen durch ihren Verstand und neue Erfindungen.*

*Allüberall in den entlegensten Tälern steigen neue Schlösser auf; es sind die Fabriken, in welchen Maschinen und Hunderte von Menschen tausenderlei Gegenstände für die Bequemlichkeit des Lebens verfertigen, und wo das Land sonst nur Hunderte ernährte, wimmelt es jetzt von Tausenden, die mit Hantierungen aller Art ihr Leben fortbringen.*

*Aber die Menschheit gleicht einem gesunden, blühenden Mann, den eine jähe Krankheit trifft und ihn siech macht, so daß man ihn bald nicht mehr erkennt, wie elend er sich auf seinem Lager krümmt, bis ihn der Tod erlöst.*

Auch hier wird wieder die moderne Ellenbogengesellschaft ange-sprochen; dazu die Konsumgier, die vom Neokapitalismus durch immer noch mehr Produktionsstätten bedient wird – doch am Ende wird nach den Worten des Alpenschäfers eine Mensch-heitskatastrophe stehen.

***

Schließlich soll noch der im Jahr 2001 verstorbene bayerische Paranormale Josef Kronschnabl zitiert werden, der vor blindem, kritiklosem Konsumwahn in einem speziellen Bereich warnte. Kronschnabl klagte die global agierende Elektronikindustrie an, welche durch maßlos aggressive Werbung Erwachsene, Jugend-liche und sogar Kinder verführe – wodurch nach Aussage des süddeutschen Visionärs schwerste Schäden bei Menschen, Tie-ren und Pflanzen angerichtet würden.

*Die aggressive Strahlung der Handys und der Funkmasten, die man zu ihrem Betrieb braucht, zerstört irgend etwas in den Gehirnen der Menschen. Da wird etwas im Kopf kaputt gemacht, und die Leute werden davon noch verrückt werden.*
*Genauso wird es bei den Tieren sein. Die Kühe auf der Weide wer-den vom Wahnsinn gepackt, und dann laufen sie Amok. Man darf sich nicht mehr zu ihnen hintrauen, weil sie so unberechenbar wie wilde Tiere geworden sind. Auch bei den Hunden, Katzen und an-deren Tieren wird das so sein.*
*Die Strahlen zerstören auch etwas in den Pflanzen. Das Getreide zum Beispiel wird zwar noch wachsen, aber es wird keinen Nähr-wert mehr haben. Und das kann bedeuten, daß eine Hungersnot bei uns ausbricht.*
*Die Computer, besonders die Computerspiele, richten einen fürch-terlichen Schaden an. Die zerstören auch etwas in den Gehirnen, und am schlimmsten ist es bei den Kindern und Jugendlichen.*

*Die werden dann irgendwann genauso bösartig wie die Tiere; sie*
*werden dann oft kriminell und gewalttätig.*
*Ich verstehe nicht, daß die Leute nicht merken, wie diese Strahlungen*
*überall sirren. Ich spüre sie ganz genau; ich kriege Kopfweh davon,*
*und sie machen mich krank. Ich kann es an Orten, wo die Strahlen*
*auftreten, nicht aushalten. Deswegen habe ich auch das Blockhaus*
*gebaut, wo das Holz die gefährliche Strahlung abschirmt.*

Sowohl der Alpenschäfer Hanns Tobias Velten als auch Josef
Kronschnabl sprechen in ihren Prophezeiungen bereits die möglichen schrecklichen Folgen des hemmungslosen Konsumwahns,
des brutalen Neokapitalismus und eines durchaus denkbaren
Zusammenbruchs des immer menschenverachtender werdenden
brutalkapitalistischen Systems an. Später wollen wir uns aus-
führlicher mit diesen und noch bedeutend schlimmeren Dingen
beschäftigen, und der Bogen wird sich dabei vom totalen Kollaps
der gegenwärtigen Industriegesellschaften bis hin zu einem verheerenden Umweltdesaster und einem Dritten Weltkrieg span-
nen. Doch zuvor soll noch einmal mit sehr deutlichen Worten
auf die Ursachen der im Jahr 2008 ausgebrochenen Weltwirtschaftskrise eingegangen werden. In den zitierten Weissagungen
haben die jeweiligen Visionäre den Nagel auf den Kopf getroffen.
Denn allesamt geißeln die Propheten den verderblichen Ungeist
unserer Zeit, der zur Finanz- und Wirtschaftskrise führte und
der sich hauptsächlich in sechs Bereichen auswirkt:

1) In der maßlosen Profitgier der global agierenden Industrie-
und Bankentrusts und ihrer vom Macht- und Geldwahn ver-
blendeten Manager.
2) In der Ausbeutung und Zerstörung der Natur, die skrupellos ihrer Ressourcen beraubt wird, wobei bestimmte Konzerne
massivste und irreparable Umweltschäden verursachen.

3) Im erschreckenden Werteverlust der westlichen Industriegesellschaften und im Zerbrechen des menschlichen Zusammen-
halts in zahlreichen Familien und größeren sozialen Gruppierungen.

4) In der geistigen Dumpfheit breiter Bevölkerungsmassen, die
sich mehr und mehr von der Wirtschaft und ebenso von gewis-
senlosen Medien manipulieren lassen, so daß Männer, Frauen,
Jugendliche und sogar Kinder zunehmend zu willfährigen Konsumidioten werden.

5) In der Politik, die vielfach unfähig ist, den Zerstörern der
Sozialen Marktwirtschaft, die oft ohne das mindeste gesellschaft-
liche Verantwortungsgefühl handeln, auf harte und entschlossene
Weise Kontra zu geben.

6) Im Handy- und Computerwahn von Abermillionen Menschen, der nachweislich häufig zu krankhaftem Suchtverhalten
führt und womöglich – wie Josef Kronschnabl sagte – auch die
geistige und körperliche Gesundheit bedroht.

In diesen sechs Fehlentwicklungen liegen die Ursachen für die
Weltwirtschaftskrise, die mit dem Zusammenkrachen mehrerer
riesiger US-amerikanischer Kreditinstitute ausbrach. Doch es
war eben nicht das Desaster von „Lehman Brothers", „Fannie
Mae" oder „Freddie Mac" allein, das zur Wirtschaftskatastrophe
führte; vielmehr trugen auch gesellschaftliche, ökologische und
politische Irrwege eine Mitschuld. In letzterem Fall unter anderem die Tatsache, daß mit George W. Bush ein US-Präsident
zur Macht gekommen war, der sich nach Einschätzung zahlloser
Fachleute und politischer Beobachter ganz eindeutig mehr den
Interessen gewisser neokapitalistischer Konzerne als dem Allgemeinwohl verpflichtet fühlte und der um des Profits der Öl- und
Waffenindustrie willen sogar einen völkerrechtswidrigen Krieg
im Irak vom Zaun brach.

Der „wiedergeborene Christ" George W. Bush stand für einen Moralverlust sondergleichen – und auch wenn dieser äußerst umstrittene Präsident inzwischen von Barack Obama abgelöst wurde, bleiben die unseligen Folgen der unmoralischen und brutalkapitalistischen Bush-Politik bestehen. Zusammen mit den genannten anderen verheerenden Fehlentwicklungen der postmodernen Gesellschaften stellen sie auch weiterhin eine gewaltige und womöglich sogar lebensbedrohende Gefahr für die gesamte Menschheit dar. Deshalb könnte es durchaus passieren, daß sich aus der gegenwärtigen Weltwirtschaftskrise, wie oben bereits gesagt, in den kommenden Jahren und Jahrzehnten noch sehr viel Schlimmeres entwickelt – und in den folgenden Kapiteln wollen wir eruieren, was die Propheten diesbezüglich erschaut haben.

Erstes Kapitel

# Mögliche Verschärfungen der Krise durch das Versagen der Politik

Derzeit bemühen sich die Regierungen insbesondere der westlichen Industriestaaten, die Weltwirtschaftskrise durch billiardenschwere Finanzspritzen an Konzerne und Banken, die nach wie vor vom Zusammenbruch bedroht sind, wenigstens einigermaßen wieder in den Griff zu bekommen. Um diese zusätzlichen Staatsausgaben zu schultern, nehmen die Politiker ein gigantisches Hochschnellen der ohnehin schon riesigen Staatsverschuldung in der Europäischen Union und in den Vereinigten Staaten von Amerika in Kauf. Die Zinsen, welche die Staaten aufgrund ihres immer noch mehr anwachsenden Kreditbedarfs an die Großbanken zu bezahlen haben, steigen weiter und weiter – und in dieser Entwicklung liegen zwei hauptsächliche Gefahren.

Zum einen werden die Großbanken, von denen viele ursächlich am Finanzdesaster beteiligt waren, jetzt auch noch zu Profiteuren der Krise. Sie bekommen nämlich Geld zu Billigzinsen von den Zentralbanken und leihen dieses Geld zu relativ hohen Zinsen sofort wieder an die Staaten aus. Konkreter gesagt: Im November 2009 betrug der Leitzins der Europäischen Zentralbank ein Prozent; zu diesem Zinssatz konnten sich die Banker bei der Zentralbank bedienen – andererseits jedoch konnten sie dasselbe Geld laut einer zum damaligen Zeitpunkt im Internet veröffentlichten Information noch am gleichen Tag mit vier Prozent Verzinsung an die Finanzminister verleihen, und damit hatten sie eine übersatte Rendite von sage und schreibe dreihundert Prozent erreicht.

Die Politik mästet also die Großbanken, damit diese sich von den finanziellen Einbrüchen der vielfach von ihnen selbst mitverschuldeten Krise erholen können. Die Banken machen auf diese Weise wieder fette Profite; zugleich aber verweigern sie kleinen und mittelständischen Betrieben häufig die relativ bescheidenen Kredite, welche diese Unternehmen benötigen, um sich nach den krisenbedingten Schwierigkeiten wieder in die schwarzen Zahlen kämpfen zu können.

So läßt man jene kleineren Betriebe, die völlig unschuldig an der Wirtschaftskrise waren, oft eiskalt im Stich, während die Großbanken auch noch zu Profiteuren des Finanzdebakels werden. Daraus jedoch erwächst eine neue Gefahr für die Weltwirtschaft; die Gefahr, daß die Großbanker künftig abermals skrupellos, unverantwortlich und rein egoistisch handeln, weil sie ja aufgrund der gegenwärtigen Politik wissen: Selbst wenn das Finanzwesen durch abenteuerliche Risikobereitschaft erneut ins Schleudern käme, wäre das für die großen Geldinstitute kein Problem, da sie ja wahrscheinlich auch dann wieder von den Regierungen aufgefangen würden und darüber hinaus sogar noch immense Gewinne machen könnten. Und deshalb ist es sehr wohl denkbar, daß die Banker überhaupt nichts aus der Krise lernen (oder lernen wollen), sondern weiterhin va banque spielen, was zu einem neuerlichen weltweiten Desaster führen könnte.

Die zweite Gefahr, die aufgrund der irrsinnig hohen und immer noch weiter anwachsenden Staatsverschuldung entstehen könnte, ist sozialer Natur. Denn je weiter die Regierungen in die Schuldenfalle rennen, desto mehr dünnen die Staatshaushalte aus. Jede Zinsmillion, die zusätzlich an die Banken bezahlt werden muß, verringert die Mittel für die Sozialausgaben des Staates: für Leistungen im Bereich der Alters-, Kranken- und Arbeitslosenversorgung und dazu für notwendige Zuwendungen im familiären und kulturellen Bereich.

Die Bürger, die ja schließlich hohe Steuern und Sozialversicherungsbeiträge bezahlen, haben im Gegenzug einen legitimen Anspruch auf die genannten Leistungen. Doch diese werden schon seit langem weiter und weiter eingeschränkt. Die Renten werden nur in Ausnahmejahren noch an die allgemeine Preisentwicklung angepaßt und werden künftig immer bescheidener ausfallen; im Krankheitsfall müssen die gesetzlich versicherten Patienten oft hohe Summen zuzahlen, und was die Arbeitslosen angeht, so sagt der üble Beigeschmack des Begriffes „Hartz IV" ohnehin alles. Die Familienpolitik des Staates hat dafür gesorgt, daß viele junge Paare sich nicht mehr vorstellen können, Kinder in die Welt zu setzen, und was schließlich die Kulturpolitik betrifft, so muß gesagt werden, daß durch das rigorose Zurückfahren der staatlichen Unterstützung lebendige Kulturarbeit vielerorts gar nicht mehr möglich ist.

Weil darüber hinaus auch im kulturellen (oder besser: pseudokulturellen) Bereich das verderbliche Konzernwesen Einzug gehalten hat, erfolgt eine weitere Zerstörung auf geistiger Ebene. Gewaltverherrlichende Hollywoodfilme, die keine zwei Minuten ohne Schießprügel oder wilde Schlägereien auskommen, brutalisieren TV-Abend für TV-Abend die Fernsehzuschauer. Musik ist zumeist, ebenfalls durch US-amerikanische Entertainment-Dominanz, auf billiges Pop-Niveau heruntergekommen. Und in den Buch-Supermärkten bestimmter Buchhandelsketten stapeln sich auf den Bestsellertischen Kitsch- und Schundschwarten, während wertvolle Bücher von den Profitmaximierern der bewußten Großunternehmen oft überhaupt nicht mehr angeboten werden.

Solcher Ausverkauf von echter Kultur führt aber zwangsläufig zu einem moralischen Absturz der Gesellschaft; menschenverachtende PC-Killerspiele, die unverantwortlicherweise nicht von den Politikern verboten werden, tun ein übriges – und die

Folgen sind fatal: Speziell die Angehörigen der jüngeren Generation, die bereits in der neokapitalistisch geprägten Welt aufgewachsen sind, werden zunehmend unfähiger zu intelligenten und damit friedlichen Konfliktlösungen. Symptomatisch dafür sind die bewaffneten Amokläufe von Schülern, die sich in fast schon regelmäßigen Abständen wiederholen – und diese schrecklichen Bluttaten, die in jüngster Vergangenheit allein in Deutschland Dutzende von Todesopfern und Schwerverletzten forderten, könnten durchaus Vorzeichen für eine noch sehr viel weitergehende Brutalisierung in den westlichen Industriestaaten sein.

Denn in Gesellschaften, die durch eine skrupellose Entertainment-Industrie ihrer Werte beraubt und in den geistig-moralischen Absturz getrieben werden, sinkt die Aggressionsschwelle rapide, was im Umkehrschluß bedeutet, daß die Gewaltbereitschaft bedrohlich ansteigt. Und wenn dann aufgrund explodierender Staatsverschuldungen sowie rückläufiger Steueraufkommen infolge der Wirtschaftskrise auch noch die Sozialsysteme zusammenkrachen würden, dann könnten in der westlichen Welt schon in naher Zukunft schwere innere Unruhen bis hin zu bürgerkriegsähnlichen Kämpfen ausbrechen. Diese Gefahr besteht; sie könnte sich durch die ohnehin bereits schwelenden Konflikte zwischen etabliertem Bürgertum und starken Immigrantenpopulationen insbesondere in den Großstädten noch verschärfen – und nun wollen wir sehen, was verschiedene europäische Propheten dazu zu sagen haben.

\*\*\*

Schon vor eineinhalb Jahrtausenden kündigte der britannische Druide Merlin, der in seinen Visionen auch den Bau des Tunnels unter dem Ärmelkanal vorhersah, für das beginnende dritte Millennium folgendes an:

*Dann wird auf der Spitze des Tower von London ein Baum empor-*
*sprießen. Er wird sich mit nur drei Ästen zufriedengeben, dennoch*
*wird er die ganze Länge und Breite der Insel mit seinem Laubdach*
*überschatten. Der Nordwind wird als Feind des Baumes kommen*
*und wird den dritten Ast mit seinem verderblichen Atem hinweg-*
*reißen. Die beiden verbleibenden Äste werden den Platz des abgeris-*
*senen einnehmen; so wird es sein, bis einer von ihnen den anderen*
*durch die Fülle seines Laubes erwürgt.*

*Dieser letzte Ast wird den Platz der beiden anderen einnehmen,*
*und er wird einen Rastplatz für Vögel bieten, die aus fremden Ge-*
*genden kommen. Den Vögeln aus dem Land selbst wird dies schäd-*
*lich erscheinen, denn durch ihre Furcht vor seinem Schatten werden*
*sie die Kraft zum freien Flug verlieren.*

Wo der Londoner Tower steht, befand sich ursprünglich ein kel-
tisches Heiligtum des Gottes Bran, und der Baum, der an diesem Ort emporwächst und zugleich die gesamte britische Insel
überschattet, drückt in keltischer Metaphorik aus, daß die Prophezeiung Merlins ganz Britannien betrifft. Die Zerstörung der
beiden Äste wiederum steht für gefährliche Turbulenzen auf der
Insel. Und zuletzt spricht Merlin ein brennendes soziales Problem an, das heutzutage jeder Brite kennt:
Ganze Stadtteile Londons, aber auch anderer englischer Metropolen, sind inzwischen von nichteuropäischen Immigranten
bewohnt, die sich der Integration vielfach verweigern und
deren Gewaltbereitschaft in letzter Zeit gefährlich gewachsen ist
– und damit ist der Zündfunke für schwere Auseinandersetzungen zwischen den verstörten einheimischen Menschen und den
Zuwanderern gelegt.

Doch damit nicht genug, denn außerdem weissagte Merlin:

*London wird den Tod von zwanzigtausend Menschen beklagen, und das Wasser der Themse wird sich in Blut verwandeln.*

Dies könnte eventuell passieren, falls der bereits schwelende Konflikt – vielleicht aufgrund einer schweren sozialen Krisensituation – eskalieren würde.

Es ist aber auch möglich, daß Merlin hier ein Blutbad beschreibt, das sich erst später ereignen könnte; nämlich dann, wenn sich aus der gegenwärtigen Weltwirtschaftskrise ein katastrophaler Zusammenbruch der modernen Zivilisation entwickeln würde.

\*\*\*

Vor gravierenden sozialen Verwerfungen warnte am Ende des zwanzigsten Jahrhunderts auch die deutsche Visionärin Buchela:

*Die Mieten werden ins Unmeßbare steigen. Ihr müßt damit rechnen, daß ihr fast die Hälfte eures Einkommens an die zahlen müßt, die euch das Dach über dem Kopf gebaut haben.*

Und weiter:

*Die fetten Jahre werden nie wieder kommen. Und nicht nur in Deutschland wird es eine Zeit des Chaos und der Gärung geben; es wird in aller Welt so sein.*

Was die Wohnungsmieten betrifft, so ist die Vorhersage der Prophetin mehr oder weniger bereits eingetroffen – und die Zeit des Chaos könnte der Welt unmittelbar bevorstehen, sofern es den Regierungen nicht gelingt, die Finanz- und Wirtschaftskrise in den Griff zu bekommen.

Ebenfalls im zwanzigsten Jahrhundert weissagte der Bauer aus dem Waldviertel, ein präkognitiv veranlagter Österreicher:

*Ich wußte zwar nicht Genaues von einem Bürgerkrieg in Italien und Frankreich, dafür aber von einer erdrückenden Bedrohung aus diesen Ländern gegenüber dem deutschen Sprachraum. Auch Amerika ist auf die Dauer nicht zuverlässig.*

Es scheint also in den Nachbarländern Deutschlands zu bürgerkriegsähnlichen Unruhen zu kommen, die auch den Frieden in der Bundesrepublik bedrohen. Und daß die USA nicht „zuverlässig" sind (daß man ihrer Politik und ihrer Wirtschaft nicht trauen kann), hat sich gerade in jüngster Vergangenheit deutlich gezeigt.

Außerdem machte der Bauer aus dem Waldviertel folgende Angabe:

*Vor dem Ausbruch des großen Krieges hält die Linke einen Siegeszug.*

Dieser Satz kann zwei Bedeutungen haben. Zum einen kann gemeint sein, daß die linksorientierten politischen Parteien Europas aufgrund der Wirtschaftskrise und der von der Krise verursachten sozialen Probleme großen Zulauf bekommen werden. Zum anderen kann sich die Aussage aber auch auf die bundesdeutsche Partei „Die Linke" beziehen, die bereits bei der Bundestagswahl im September 2009 starke Gewinne verbuchen konnte und die womöglich wegen der neokapitalistischen Fehlentwicklung künftig noch sehr viel mehr Anhänger gewinnen wird.

***

Eine weitere österreichische Prophetin, Katharina aus dem Ötztal, weissagte in der Mitte des zwanzigsten Jahrhunderts:

*Die Not wird immer größer. Und man sagt zueinander: „Es kann nicht mehr gehen, es geht nimmer." Und es geht dann doch weiter. Es geht viel länger abwärts, als die Leute zuerst meinten. Dann plötzlich bricht's.*

Zu der Zeit, da Katharina dies prophezeite, stand das Wirtschaftswunder der 50er und 60er Jahre in Deutschland und Österreich schon unmittelbar bevor. Die Aussage kann sich also nur auf einen späteren Zeitpunkt beziehen: auf den Verlauf der gegenwärtigen Krise. Die aber wird nach den Worten der Ötztalerin nicht zu bemeistern sein, sondern in einem wirtschaftlichen Zusammenbruch enden. (Und in ähnlicher Richtung äußerte sich die deutsche Bundeskanzlerin Angela Merkel in einer Regierungserklärung im November 2009, als sie sinngemäß sagte, sie wisse nicht, ob die Wirtschaftskrise mit den von der Politik angewandten Mitteln zu beenden sei; man könne es lediglich hoffen.)

\*\*\*

Beklemmende Visionen hatte die 1975 verstorbene Augsburger Nonne Erna Stieglitz:

*Das Faustrecht kehrt wieder, die Gesetzlosigkeit.*
*Hungernde Großstädter werden zu Räubern an den Bauern.*
*Die Hauptgefahr (…) besteht in Zerstörungen, die Terrorismus, Plünderung, Brandstiftung, Mord und Totschlag anrichten.*

*Es ist ein nie vorher, außer vielleicht im Dreißigjährigen Krieg, dagewesener Schrecken.*

Diese Sätze brauchen nicht kommentiert zu werden; sie sprechen mit größter Deutlichkeit für sich.

***

Und ganz ähnlich äußerte sich der Mühlhiasl:

*In jedem Haus ist Krieg.*
*In den Städten geht alles drunter und drüber.*
*Kein Mensch kann mehr dem anderen helfen.*

*Sie werden sich Zäune ums Haus machen*
*und auf die Leut' schießen.*

*Die reichen und noblen Leut' werden umgebracht.*
*Wer feine Händ' hat, wird totgeschlagen.*

*Der Stadtherr läuft zum Bauern aufs Feld und sagt:*
*Laß mich ackern!*
*Der Bauer erschlägt ihn mit der Pflugreut'n.*

Ebenso wie Erna Stieglitz schildert hier der Mühlhiasl wilde Ausbrüche von mörderischer Gewalt. Und in den Städten herrscht offenbar solcher Hunger, daß die Menschen aufs Land strömen, um dort Lebensmittel zu bekommen – doch die Bauern wehren sich mit archaischen Waffen wie Pflugreuten (eine Art Eisenschaufel, die früher zum Reinigen der Pflugschar benutzt wurde) gegen die Stadtbewohner. Interessant ist schließlich noch die Aussage, wonach die reichen Leute mit den „feinen" Händen umgebracht werden: Menschen, die zwar große Vermögen besitzen, jedoch nicht mit den Händen (auf ehrliche Weise) gearbeitet haben – also vielleicht knallharte Manager und Firmen-„Sanierer", betrügerische Investmentbanker und andere Spitzenverdiener, die ihre Millionen auf Kosten der anständigen Bevölkerung zusammengerafft haben.

***

Bürgerkriege zu Beginn des dritten Jahrtausends erschaute zudem der 1858 geborene Seher und Eismeerfischer Johansson aus Norwegen, der berühmt wurde, weil er sowohl den Verlauf des Ersten als auch des Zweiten Weltkrieges sehr detailliert vorhergesagt hatte. Beim Eismeerfischer Johansson heißt es:

*Es kommt zu Bürgerkriegen in Schweden, Frankreich und Rußland. In einem Bürgerkrieg kämpfen Deutsche gegen Deutsche.*

*Auch in Wales sind bürgerkriegsähnliche Zustände zu beklagen.*

*In Großbritannien bricht eine Revolution aus, die sehr blutig verläuft und bedeutend mehr Opfer fordert als der etwa zur gleichen Zeit in Deutschland stattfindende Bürgerkrieg.*

*Der Volksaufstand, der auf der britischen Insel begann, weitet sich schnell nach Irland aus. Auch im Süden von Wales, wo es bereits (…) zu Unruhen kam, herrscht jetzt Bürgerkrieg, der zahlreiche Tote kostet. Danach wüten die Menschenmassen der Vereinigten Staaten in zwei Bürgerkriegen gegeneinander.*

*Die USA zerfallen in vier oder fünf einander feindlich gesonnene Territorien.*

Das alles hört sich schrecklich an – und Auslöser für die revolutionären Volksaufstände, aus denen sich dann vielfach Bürgerkriege entwickeln, sind vermutlich vorangegangene soziale Zusammenbrüche in den genannten Ländern.

Auch am Anfang des großen Prophezeiungskanons des berühmten süddeutschen Sehers Alois Irlmaier findet sich ein deutlicher Hinweis auf anarchische Zustände im frühen dritten Jahrtausend:

*Zwei Männer bringen einen dritten, einen Hochgestellten, um.*
*Sie sind von anderen Leuten bezahlt worden.*
*Der eine Mörder ist ein kleiner, schwarzer Mann.*
*Der andere ist etwas größer, mit heller Hautfarbe.*
*Ich denke, auf dem Balkan wird es sein,*
*kann es aber nicht genau sagen.*
*Südöstlich von uns* (von Süddeutschland; Anm. d. A.)
*geschieht es.*

Bei dem „Hochgestellten", der hier ermordet wird, handelt es sich wahrscheinlich um einen verhaßten Politiker.

***

Und schließlich hatte der Kölner Paranormale Edward Korkowski im Jahr 1985 eine Vision, in der er fürchterliche Bilder erschaute:

*Ich sah auf den Straßen kämpfende Menschen: turbulente Zustände, wo sie mit Waffen und allen möglichen Gegenständen aufeinander einschlugen und rücksichtslos mordeten.*

*Mit dem geistigen Auge sah ich, daß sich dieses Geschehen, vom Ruhrgebiet ausgehend, bis zur Stadt Köln hin ausdehnte.*

Der Paranormale erblickte hier Gewaltszenen im nordwestdeutschen Raum; wahrscheinlich regionale Ereignisse im Rahmen eines großen deutschen Bürgerkrieges.

Wenn es in Europa zu Zusammenbrüchen der Sozialstaaten käme und daraus Volksaufstände bis hin zu Bürgerkriegen entstünden, wäre es sehr wohl denkbar, daß sich radikale politische Kräfte diese Entwicklungen zunutze machen würden. Logischerweise wären das am ehesten Anhänger der bereits totgeglaubten Ideologie des Marxismus, und auch über kommunistische Putschversuche oder sogar Machtergreifungen gibt es prophetische Aussagen – so etwa die folgende, die aus dem Mund des 1968 verstorbenen italienischen Visionärs Padre Pio stammt:

*Überraschend werden die Kommunisten die Macht erreichen.*
*Ohne Schwertstreich.*
*Wir werden sie über Nacht an der Macht sehen.*

Dies deutet auf einen „roten" Staatsstreich in Italien hin, der nach den Worten von Padre Pio unblutig verläuft.

*** 

Etwas ähnliches weissagte der polnische Bauer Wladyslaw Biernacki:

*Die Revolution wird von Italien nach Frankreich und Spanien hineingetragen, und in diesen beiden Ländern werden kommunistische Regierungen etabliert. Allerdings werden sie nur vierzig bis sechsundvierzig Tage überdauern und ganz schnell zusammenbrechen.*

Der letzte Satz klingt einigermaßen tröstlich – allerdings prophezeiten Wladyslaw Biernacki und weitere Hellseher auch, daß es zu einem späteren Zeitpunkt in Italien zu einem grauenhaften Bürgerkrieg und zu einem Gemetzel im Vatikan kommen werde.

***

Doch damit werden wir uns in einem anderen Abschnitt dieses Buches beschäftigen. Vorerst soll nur festgehalten werden, daß die gegenwärtige Weltwirtschaftskrise, sofern sie nicht unter Kontrolle gebracht werden kann, durchaus schwerste soziale Konflikte bis hin zu grausamen Bürgerkriegen auslösen könnte. Und ebenso könnten aus der globalen Krise atomare oder biologische Desaster erwachsen, wie die erschreckenden Weissagungen zeigen, denen wir uns nunmehr in den beiden folgenden Kapiteln zuwenden wollen.

Zweites Kapitel

# Kurzschlußhandlungen in Politik und Wirtschaft könnten zu einem atomaren GAU führen

Die Koalitionsverhandlungen der neuen, im September 2009 gewählten deutschen Bundesregierung wurden mitten in der Weltwirtschaftskrise geführt – und CDU/CSU und FDP beschlossen damals in einer politischen Kehrtwendung, den zuvor von der schwarz-roten Regierungskoalition angestrebten Ausstieg aus der Atomenergie zu verschieben und die Laufzeiten der bundesdeutschen Kernkraftwerke zu verlängern.

Dies war ein Schlag ins Gesicht all jener, die mit Recht vor den Gefahren warnen, welche von den Kernkraftwerken und den zu ihrem Betrieb notwendigen atomaren Wiederaufbereitungsanlagen ausgehen. Die Reaktorkatastrophe von Tschernobyl im Jahr 1986 hatte schließlich bewiesen, daß ein bis dahin für unmöglich gehaltener GAU sehr wohl passieren konnte. Doch daran dachte man bei den schwarz-gelben Koalitionsverhandlungen wohl weniger – statt dessen spielten vermutlich wirtschaftliche Überlegungen die Hauptrolle, als man die Verlängerung der Laufzeiten in den Atomkraftwerken per Koalitionsvertrag festschrieb.

Diese politische Entscheidung, die womöglich auch aus der Notsituation der Finanzkrise heraus geboren war, weil man Geldmittel für die Entwicklung und den Ausbau der alternativen Energieerzeugung einsparen wollte, könnte aber ähnlich wie in Tschernobyl letztlich zu einer verheerenden Nuklearkatastrophe führen. Denn gerade bei älteren Atomkraftwerken, die man, ehe die Weltwirtschaftskrise ausbrach, ja eigentlich bereits stilllegen wollte, steigen die Risiken von Fehlfunktionen enorm an. Dies jedoch will die schwarz-gelbe Bundesregierung offensichtlich in Kauf nehmen, um den Staatshaushalt durch die Förderung alternativer Energiegewinnung nicht weiter zu belasten – und welche Folgen eine derartige politische Kurzschlußhandlung (so jedenfalls schätzt der Autor die Sache ein) haben könnte, wird in einer ganzen Reihe von Prophezeiungen deutlich, die vor einem nuklearen GAU in Europa warnen.

***

Im Sommer 1990 hatte die im Jahr 2004 verstorbene Visionärin Berta Hacker aus der Oberpfalz ein beklemmendes paranormales Erlebnis:

*Ich fuhr mit dem Auto von Waldmünchen in Richtung Furth im Wald. Die Straße führte durch einen großen Wald. Auf einmal erschien mir die Gegend links und rechts von der Straße völlig unbekannt. Wo sonst hohe Fichten und dazwischen einige Laubbäume standen, sah ich jetzt eine weite, verwahrloste Landschaft mit vielen Büschen und wenigen Bäumen. Dann hörte ich plötzlich einen furchtbaren Lärm und ein Krachen wie von Explosionen.*

*Ich hatte Angst, fuhr aber weiter auf der geteerten Straße – und dann erblickte ich in einiger Entfernung eine riesige Baustelle mit halbfertigen Gebäuden und vielen Betonmauern. Ich fuhr mit dem Auto direkt darauf zu. Neben den Betonmauern sah ich einen gewaltig hohen Kran stehen. Mit diesem Kran wurden mehrere große, schwarze Stäbe, die wie riesige Zigarren aussahen, in einem Bündel aus einer Bodenöffnung emporgezogen und auf eine nahe Wiese gelegt. Auf dieser Wiese lagen schon eine Menge solcher schwarzer Stäbe. Vier- bis fünfmal hob der Kran Stäbe aus dem Erdloch,*

*begleitet von ohrenbetäubendem Lärm. Dieses Donnern und Kra-*
*chen hatte ich schon aus der Ferne gehört – und nun vernahm ich*
*eine innere Stimme, die mir sagte: „Die Reaktoren sind kaputt!"*

*Zwei Tage nach dieser schrecklichen Autofahrt erhielt ich von der*
*Muttergottes einige Erklärungen. Sie sagte mir, daß ich in meiner*
*Vision ein Atomkraftwerk gesehen hätte, das auf einer Erdbebenader*
*gebaut werde, die von Jugoslawien nach Norden verläuft. Bei einem*
*Erdbeben mit nur drei Stärkegraden auf der Richterskala würde*
*der Reaktor so stark beschädigt werden, daß radioaktive Strahlung*
*austrete. Die Madonna sagte mir auch, wo dieses Atomkraftwerk*
*gebaut wird: bei Budweis in Tschechien. Die Muttergottes sprach*
*auch noch von einem anderen Atomkraftwerk, dem von Temelin.*
*Über dieses Atomkraftwerk sagte sie mir, es müsse so bald wie mög-*
*lich untersucht und repariert werden – wenn nicht, würden die*
*Reaktoren bersten.*

Nach Meinung vieler Experten stellt das mit Mängeln behaftete
tschechische Nuklearkraftwerk Temelin eine ernsthafte Gefahr
für die Tschechische Republik und die Nachbarländer dar – und
bei seiner Erbauung spielten eiskalte neokapitalistische Motive
ganz eindeutig eine große Rolle.

In Temelin zeigt sich, was passiert, wenn knallharte wirtschaftliche Interessen über die Sicherheit der Menschen gestellt werden,
und was einen GAU in Temelin angeht, so wird er von verschiedenen Fachleuten früher oder später direkt erwartet.

\*\*\*

Alois Irlmaier erschaute für Bayern einen atomaren Fallout, welcher die Erde entweder während eines Atomkrieges oder aber
während eines Nuklearunfalls vergiftet, und der Prophet riet:

*Geht nicht hinaus aus dem Haus!*
*Wer den Staub einatmet, kriegt einen Krampf und stirbt.*
*Macht die Fenster nicht auf!*
*Hängt sie mit schwarzem Papier zu!*
*Alle offenen Wasser werden giftig.*
*Und alle offenen Speisen,*
*die nicht in verschlossenen Dosen sind.*
*Eßt auch keine Speise in Gläsern,*
*die halten es nicht ab!*
*Draußen geht der Staubtod um.*
*Es sterben sehr viele Menschen.*
*Nach 72 Stunden ist alles wieder vorbei.*
*Aber noch einmal sage ich es: Geht nicht hinaus!*
*Schaut nicht zum Fenster hinaus!*
*Laßt die Kerze oder den Wachsstock brennen.*
*Kauft ein paar verlötete Blechdosen*
*mit Reis und Hülsenfrüchten.*
*Brot und Mehl hält sich. Feuchtes verdirbt,*
*außer in blechernen Konservendosen.*
*Wasser aus der Leitung ist genießbar,*
*nicht aber Milch.*

Alois Irlmaier spricht hier von radioaktiv verseuchtem Staub in der Luft sowie von kontaminiertem Wasser und Lebensmitteln. Zugleich gibt er Ratschläge, wie sich die Menschen vor den unmittelbaren Folgen der Nuklearkatastrophe notdürftig schützen können.

Weitere Verhaltensmaßregeln, etwa für die Wochen und Monate nach dem atomaren Desaster, gibt er leider nicht – doch eines ist klar: Der bayerische Visionär warnt hier eindeutig vor tausendfachem Tod aufgrund furchtbarer radioaktiver Strahlung.

Zwei weitere Hellseher des zwanzigsten Jahrhunderts, beide aus dem ostbayerisch-tschechischen Grenzgebiet im Raum Zwiesel/ Klatovy, wo auch der Mühlhiasl lebte, hatten ebenfalls bedrohliche Schauungen, die sich möglicherweise auf eine Atomkatastrophe in der genannten Region beziehen.

Der eine hieß Sepp Wudy; er war ein einfacher Bauernknecht, und seine erschreckenden Prophezeiungen, mit denen er kurz vor dem Ersten Weltkrieg seine Mitmenschen schockierte, lauten so:

*Du hast das Essen vor dir und darfst es nicht essen, weil es dein Tod ist. Und du hast das Wasser im Grandl* (im offenen Brunnen; Anm. d. A.) *und darfst es nicht trinken, weil es auch dein Tod ist. Aus dem Osser* (Bayerwaldberg; Anm. d. A.) *kommt noch eine Quelle, da kannst du trinken.*

*Die Luft frißt sich in die Haut wie ein Gift. Leg alles an, was du an Gewand hast, und laß nicht das Nasenspitzl herausschauen.*
*Setz dich in ein Loch und warte, bis alles vorbei ist; lange dauert's nicht. Oder such dir eine Höhle am Berg.*

*Wenn dir die Haare ausfallen, hat es dich erwischt. Nimm ein Kronwittbirl* (Wacholderbeere; Anm. d. A.) *in den Mund, das hilft. Und sauf keine Milch, acht Wochen lang.*
*Wenn kein Uhmanndl* (Uhu; Anm. d. A.) *mehr schreit und die Hasen zum Haus kommen und umfallen, dann geh weg vom Wasser und mähe kein Gras.*

Genau wie Alois Irlmaier gibt Sepp Wudy hier Ratschläge, wie sich die Menschen notdürftig gegenüber einem nuklearen Fallout schützen können.

Und in den Prophezeiungen des Bayerwaldhirten Prokop, der 1965 verstarb, heißt es:

*Ich schlaf und schlaf nicht, wenn ich in der Nacht in der Hütt'n liege. Aber Sachen macht's mir vor, zum Grausen, und ich schlaf doch nicht, weil ich draußen meine Stiere höre und den Wind und den Regen.*
*Einmal seh ich, wie der Wind das Feuer daherbringt, und alle Bäume brennen wie die Zündhölzl.*
*Ein andermal seh ich, daß drunten alles verkommen ist. Kein Mensch ist mehr da und kein Haus. Bloß noch Mauertrümmer.*
*Und alleweil wieder kommen Wolken, feuerrot. Und es blitzt, aber es donnert nicht. Und nachher ist wieder der Himmel gelb wie eine Zitrone und ist so tief herunten.*
*Kein Vogel singt; ich find' keinen Stier mehr und kein Wasser.*
*Auf dem Berg ist keins mehr und drunten im Regen auch kein Tropfen mehr.*

Die Schauung des Hirten Prokop wirkt noch beklemmender als die von Sepp Wudy – und ansonsten ist anzumerken, daß beide Propheten in einer Gegend lebten, die bei einem atomaren GAU im nicht sonderlich weit entfernten Kernreaktor von Temelin ohne Zweifel aufs schwerste getroffen würde.

***

Auch in den Weissagungen des italienischen Paranormalen Padre Pio finden sich einige Hinweise auf eine grauenhafte Atomkatastrophe in Europa:

*Haltet eure Fenster geschlossen.*
*Schaut nicht hinaus.*
*Brennt eine geweihte Kerze an.*

*Laßt niemanden auf den Hof. Wer hinausgeht und die Tiere füttert, wird sterben. Es wird beginnen während einer extrem kalten Nacht.*

*Der Wind wird fauchen. Nach einiger Zeit wird man es blitzen sehen. Der Wind wird die Giftgase über die ganze Erde verteilen.*

*Ein Gefühl unendlicher Dankbarkeit wird jene erfassen, welche das Schreckliche überlebten.*

Die Schutzmaßnahmen, die Padre Pio empfiehlt, decken sich mit denen der zuvor zitierten Propheten; sein visionärer Blick hingegen scheint in geographischer Hinsicht weiter als bei den anderen zu reichen: Padre Pio hatte offenbar eine globale Sicht auf die Katastrophe.

\*\*\*

Die italienische Prophetin Maria Palma von Oria sagte im neunzehnten Jahrhundert vorher:

*Nicht ein einziger Dämon wird in der Hölle verbleiben. Alle werden von dort hervorgehen, und die Luft wird von ihnen verpestet sein.*

Diese Ausdrucksweise ist sehr stark katholisch geprägt – aber es ist dennoch klar, daß Maria Palma eine fürchterliche Vergiftung der Atmosphäre, also vermutlich einen atomaren Fallout, beschreiben wollte.

\*\*\*

Auch in den Weissagungen des nordrhein-westfälischen Visionärs Bernhard Rembort, auch als „Spielbähn" bezeichnet, findet sich ein Hinweis auf eine derartige Katastrophe:

*Es wird Gift regnen auf das Feld, wodurch ein großer Hunger ins Land kommt.*
*Ich vernehme die Klagen der Hungrigen.*

Dies bedeutet ohne Zweifel, daß ein nuklearer Niederschlag die Ernten im Nordwesten Deutschlands vernichtet.

***

Die 1774 geborene Nonne Anna Katharina Emmerich sagte das gleiche vorher wie der „Spielbähn":

*Alles ringsum war dürr und welk und im Absterben.*
*Bäume, Sträucher, Blumen und Felder, alles hatte das traurige Gepräge des Siechtums.*
*Es schien, als seien selbst die Wasser der Quellen, der Bäche, Flüsse und Meere erschöpft.*
*Ich gewahrte Länder und Völker, die sich in äußerster Not befanden.*

Der visionäre Blick der Nonne richtet sich zuerst auf ihre direkte Umgebung und weitet sich danach auf eine flächendeckende Verseuchung und Zerstörung in Europa aus.

***

Zahlreiche Propheten haben also vor einer Nuklearkatastrophe und ihren tödlichen Auswirkungen auf Menschen, Tiere und die Natur gewarnt – und ebenso äußerten sich die Visionäre sehr deutlich über die Gefahren der Gentechnik, wie wir im folgenden Kapitel sehen werden.

# Drittes Kapitel

# Neokapitalismus und Genmanipulation:
# Die Visionäre prophezeien Grauenhaftes

Mit aller Gewalt (und Billionenzahlungen aus den Taschen der Steuerbürger) soll die Weltwirtschaft wieder in Schwung gebracht werden – und um dieses Ziel zu erreichen, scheuen viele Politiker auch vor riskanten Schritten nicht zurück.

So lehnte es die alte schwarz-rote Regierung der Bundesrepublik Deutschland noch im Spätsommer 2009 ab, den Anbau von genmanipuliertem Mais auf deutschen Feldern zuzulassen. Aber unmittelbar nach der Bundestagswahl am 27. September 2009 wurde – vermutlich auf Betreiben der FDP hin – von der nunmehrigen schwarz-gelben Koalition erklärt, daß man den Anbau von genveränderten Maissorten aus den USA nun doch erlauben wolle.

Ganz gewiß löste dieser Gesinnungswandel Jubelstürme bei jenen US-amerikanischen Trusts aus, die von der Genmanipulation profitieren. In den Kreisen der Umweltschützer hingegen herrschte blankes Entsetzen – und dies unter anderem deswegen, weil inzwischen bekannt ist, daß durch die Aussaat von genverändertem Samen mutierte Pflanzen entstehen können. So geschah es beispielsweise vor einigen Jahren in Bayern, wo Pollen von genmanipulierten Nutzpflanzen, die man auf einem Versuchsfeld gezogen hatte, Stauden von wildem Senf auf einem Nachbarfeld befruchteten – und das Resultat war eine mutierte Pflanze: ein Gewächs, wie es zuvor nie in der Natur existiert hatte.

Die Genmanipulation birgt also eindeutig unwägbare Risiken in sich, und die Konzerne, die sie betreiben und den Anbau von genveränderten Pflanzen weltweit nach Kräften forcieren, gleichen nach Einschätzung des Autors jenem berühmten Zauberlehrling in Goethes gleichnamigem Gedicht, welcher die Folgen seines vermessenen Tuns zuletzt nicht mehr kontrollieren kann. Die Versuche des Zauberlehrlings enden in einem abscheulichen Debakel, und Ähnliches ist zu befürchten, wenn in den Turbulenzen der Wirtschaftskrise nun Schranken fallen, die man im Bereich der Genmanipulation zuvor noch bewußt aufgerichtet hatte.

Es besteht dann die Gefahr, daß es – vielleicht nicht sofort, aber mittel- und langfristig – zu horrorartigen biologischen Entwicklungen kommt. Und wie so etwas aussehen kann, hat der britannische Druide Merlin bereits vor eineinhalb Jahrtausenden in einigen seiner Prophezeiungen geschildert.

\*\*\*

*Wurzeln und Äste werden ihre Plätze tauschen, und die Seltsamkeit dieses Geschehens wird als ein Wunder gelten.*

*In jenen Tagen werden auf den Waldlichtungen die Eichen aufflammen, und die Eicheln werden auf den Lindenästen sprießen.*

*Drei Quellen werden in der Stadt Winchester aus der Erde brechen, und die Ströme, die sich aus ihnen ergießen, werden die Insel in drei Teile zerschneiden.*

*Wer aus dem ersten Fluß trinkt, wird sich eines langen Lebens erfreuen und wird niemals vom Ausbruch einer Krankheit heimgesucht werden.*
*Wer aus dem zweiten trinkt, wird an unstillbarem Hunger zugrun-*

*de gehen: Blässe und Angst werden sich auf seinem Antlitz malen.*
*Wer aus dem dritten Fluß trinkt, wird eines plötzlichen Todes ster-*
*ben, und es wird unmöglich sein, seinen Körper zu beerdigen.*
*In ihren Bemühungen, das unersättliche Umsichgreifen solcher*
*Todesfälle zu vermeiden, werden die Menschen alles versuchen, die*
*Kadaver mit Schichten aus verschiedenem Material zu bedecken.*
*Aber welche Materie auch immer obenauf gepackt wird, sie verän-*
*dert sich sofort zu einer anderen Substanz. Sobald sie dort hinge-*
*bracht wird, wird Erde sich zu Stein umbilden, Steine werden sich*
*verflüssigen, Holz wird zu Asche werden, und Asche wird sich in*
*Wasser verwandeln.*

In den ersten beiden Weissagungen stellt Merlin klar, daß die Ordnung der Natur völlig durcheinandergeraten ist – beziehungsweise
durch Genveränderungen durcheinandergebracht wurde. Doch
offenbar begreifen die Menschen noch nicht, welche Bedrohung
von dieser manipulierten Natur ausgeht; vielmehr staunen sie über
die vermeintlichen „Wunder" einer fehlgeleiteten Wissenschaft.
Im dritten und längsten Abschnitt seiner Prophezeiung beschreibt
Merlin sodann die verschiedenen und größtenteils fürchterlichen
Auswirkungen der Genmanipulation. Sie kann zwar einerseits
das Leben verlängern und Krankheiten verhindern; andererseits
jedoch bringt sie grausamen Tod auf zweierlei Art. Die Menschen,
die aus dem zweiten Fluß trinken, leiden (weil wahrscheinlich ihr
Metabolismus durch genveränderte Nahrung völlig gestört ist)
unter hemmungsloser Freßsucht bis hin zum Exitus. Anders ergeht
es den Menschen, die aus dem dritten Fluß trinken. Sie sterben
augenblicklich, aber ihre Körper, die durch genmanipulierte Nahrungsmittel kontaminiert sind, können nicht begraben werden.
Denn die vergiftete, genveränderte Körpersubstanz dieser Toten
verwandelt jegliche Materie, die mit ihr in Berührung kommt, auf
grauenerregende Weise in eine veränderte Materieform.

Nicht weniger warnend als der britannische Druide Merlin äußerte sich die böhmische Seherin Sibylle von Prag im siebzehnten Jahrhundert:

*Seltsame Zeiten kommen, und seltsame Menschen bevölkern die Welt. Niemand ist wahrhaft glücklich. Die Natur wird geschändet, und der menschliche Geist fühlt sich über das Weltall erhaben.*

In ihrer neokapitalistischen Gier, die nicht glücklich macht, will sich die Menschheit (respektive eine fehlgeleitete wirtschaftliche und politische „Elite") über das Höchste aufwerfen und schädigt das Gleichgewicht der Natur durch verbrecherische Eingriffe wie eben die Genmanipulation.

*In den Händen werden sie Stäbe halten, die Nutzen und Freude bringen können. In ihrer Verwandlung aber speien diese Stäbe Tod und Verderben.*

Die „Stäbe" stehen hier vielleicht für die wissenschaftliche Macht des postmodernen Menschen. Und genau wie Merlin sagt auch die Sibylle von Prag, daß diese Macht zwar einerseits Nutzen, andererseits aber Tod und Verderben bringen wird.

*Kugeln werden sie formen und sie gegen den Hunger schlucken. Sie werden trotzdem nicht satt, denn die Ausstrahlung der Kugeln macht sie noch hungriger.*

Bei dieser Aussage assoziiert man unwillkürlich genmanipulierte Nahrung (die „Kugeln"). Und die genveränderten Nahrungsmittel bewirken dasselbe wie der „zweite Fluß" bei Merlin: Die genmanipulierten Lebensmittel haben keinen Sättigungs- oder Nährwert, sondern erzeugen lediglich Hunger nach immer noch mehr Essen – ein Effekt, der für eine skrupellose, neokapitalistische Lebensmittelindustrie natürlich von höchstem und zugleich höchst menschenverachtendem Profitwert wäre.

*Freveln werden sie wider das Göttliche. Denn sogar den Menschen wird der Mensch künstlich erschaffen. Diese künstlichen Menschen sind jedoch arm an Geist. Denn sie haben nur wenig Hirn, sind freilich stark und widerstandsfähig. Auf diese Weise wird eine neue Zeit der Sklaverei kommen.*

Hier spricht die Sibylle von Prag etwas zutiefst Verbrecherisches an, das durch Manipulation der menschlichen Gene Realität werden könnte: Man züchtet ganz gezielt humanoide Zombies, um diese bedauernswerten Wesen sodann als Arbeitssklaven zu mißbrauchen.

*Gewalt wird der Erde angetan. Es werden heiße Jahre einfallen. Der Erdboden wird dürr und unfruchtbar werden, deswegen wird eine furchtbare Teuerung über alle Länder der Erde kommen. Und so, wie die Erde keine Frucht mehr gibt, wird auch der menschliche Mutterschoß unfruchtbar werden.*

Wenn der Mensch die Natur schändet, wird sie sich rächen. Dies ist ein unumstößliches Naturgesetz. Und genau das drückt die Seherin hier aus: Die Erde reagiert mit Naturkatastrophen auf den menschlichen Wahnsinn, und so kommt es zu einem gravierenden Nahrungsmittelmangel, welcher die Lebensmittelpreise in fürchterliche Höhen schnellen läßt.

Und was den Mutterschoß angeht, der ebenfalls unfruchtbar wird, so ist das wohl auch eine Folge hirnrissiger Genmanipulationen an der Erbmasse von Frauen.

Mit sehr deutlichen Worten prangerte auch der französiche Tempelritter Johannes von Jerusalem die skrupellosen Angriffe auf die Natur
und die widergöttlichen Manipulationen des menschlichen Erbgutes
an:

*Wenn das Millennium einsetzt,*
*das auf das Millennium folgt:*
*Wird der Mensch alle Fesseln sprengen wollen.*
*Der gute Pfad der Natur wird verleugnet werden.*
*Diese andere Erde*
*wird nicht mehr die alte Erde sein.*
*Gleich einem wildgewordenen Roß*
*wird der Mensch einherrasen ohne Ziel.*
*Hierhin und dorthin, reiterlos getrieben vom Wind.*
*Im Sattel sitzt hinter dem Reiter das Unheil.*
*Der Reiter verliert die Steigbügel und stürzt.*

Neuerlich erkennen wir hier das Zauberlehrlings-Motiv. Die
Menschheit, die von einem totalen Machbarkeitswahn besessen
ist und – vom Brutalkapitalismus manipuliert – keine natürliche
Moral mehr kennt, will sich zur Herrscherin über die Erde aufwerfen und rast in ihr Unglück.

*Wenn das Millennium einsetzt,*
*das auf das Millennium folgt:*
*Wird der Mensch,*
*erdgeboren, aber von maßlosem Wahn besessen,*
*sich für gottgleich erachten.*
*Getrieben von Haß, Neid und Gier,*
*wird der Mensch wie irrsinnig um sich schlagen.*
*Die Macht, die er raubte, verleiht ihm Stärke dazu.*
*Dennoch ist er nichts als ein dumpfer Prometheus,*

*dessen einzige Kunst Zerstörung ist.*
*Die Macht des Giganten besitzt der,*
*dessen Seele zwergengleich ist.*
*Mit den Schritten eines Riesen schreitet er voran,*
*kennt aber den Pfad der wahren Erkenntnis nicht.*
*Nicht erfüllt, sondern dumpf vom falschen Wissen*
*ist sein Kopf.*
*Nichts begreift er vom Gesetz*
*des Lebens und Sterbens.*
*Wie ein tobender Wahnsinniger ist der Mensch,*
*einem wild plärrenden Säugling gleich.*

Die Kernaussage dieser Vision des Tempelritters deckt sich auf
frappierende Weise mit einer Aussage des genialen Naturwissen-
schaftlers Albert Einstein: Technisch gesehen, besitze der moderne Mensch die Kräfte eines Riesen – geistig und moralisch aber
sei er einem unzurechnungsfähigen Kind gleichzusetzen.

*Wenn das Millennium einsetzt,*
*das auf das Millennium folgt:*
*Werden an tausend Orten der Erde*
*babylonische Türme den Himmel spießen.*
*Öde und verwaist*
*sind die einst fruchttragenden Felder.*
*Hungersnöte werden ausbrechen.*
*Die verfluchten Belustigungen*
*werden keinen mehr sättigen können.*

In den „babylonischen Türmen" erkennen wir die Wolkenkratzer in den Metropolen des einundzwanzigsten Jahrhunderts: die
gigantischen Protzgebäude der international agierenden Konzerne, Banken und Versicherungen, die jedoch sehr schnell zusam-

menkrachen können, wie der elfte September 2001 zeigte. Und während die „babylonischen" Protzbauten noch den Himmel zernadeln, verliert die Erde ihre Fruchtbarkeit. Die Felder liegen brach; vielleicht, weil Genmanipulationen das Pflanzenleben vernichteten. Als Folge davon brechen Hungersnöte aus, wie es auch anderswo prophezeit ist, und den Menschen bleiben nur noch die „verfluchten Belustigungen", womit Johannes von Jerusalem entweder etwas in der Art eines verzweifelten Totentanzes meinen könnte – oder aber eine Flucht der Hungernden in die „Drogenwelt" der modernen Medien: in süchtig machende Computerspiele beziehungsweise primitive und verdummende Fernsehsendungen.

*Wenn das Millennium einsetzt,*
*das auf das Millennium folgt:*
*Macht sich der frevelnde Mensch daran,*
*das Antlitz der Erde zu zerstören.*
*Als einen Beherrscher und Zwingherrn*
*der Forste und Weiden wird er sich sehen.*
*Aber das Land wird geschändet sein*
*und wird keine Früchte mehr tragen.*
*Wie etwas Brennendes wird die Luft sein,*
*wie Pesthauch werden die Gewässer stinken.*
*Alles Leben beginnt zu verdorren,*
*denn der Mensch hat die Fülle der Erde zerstört.*
*Er wird in seiner bösen Verachtung der Erde*
*einsam irren gleich einem ausgestoßenen Wolf.*

Hier vertieft der Seher seine vorigen Aussagen noch und zeigt weitere verheerende Folgen des zynischen Mißbrauchs und der Vergewaltigung der Natur durch den vom Machbarkeitswahn besessenen Menschen auf.

*Wenn das Millennium einsetzt,*
*das auf das Millennium folgt:*
*Gerät der Sproß des Menschen in Gefahr.*
*Das Kind wird bedroht vom Gift*
*und wird belauert von finsterer Zukunft.*

*Für den Eigennutz der Eltern atmet es,*
*nicht um seines eigenen Lebens willen.*
*Zur Jagdbeute wird das Kind,*
*oft wird sein Leib zur Ware abscheulicher Krämer.*
*Selbst diejenigen, die man nicht jagt,*
*weil sie im Schutz der Familien leben,*
*werden gefährdet sein.*
*Tote Seelen hausen in den Kindern.*
*Von Gaukelspiel und Trugbildern sind sie besessen.*
*Kein Meister leitet das Kind mehr.*
*Ohne Geisteskraft und Zukunft*
*ist der Sproß des Menschen gleich totem Lehm.*

Diese Prophezeiung ist zutiefst erschütternd. Sogar Kinder sind vom „Gift" (von der Genmanipulation) bedroht. Es scheint so, als ob die Eltern genmanipulierte Mädchen und Jungen aufziehen würden, um sie dann später an die „abscheulichen Krämer" zu verkaufen: an Organhändler, welche die Körper der genmanipulierten Kinder buchstäblich ausschlachten, um junge und vielleicht besonders leistungsfähige Organe zu gewinnen.

Und die Mädchen und Jungen, denen dieses grauenhafte Los bevorsteht, erleiden offenbar zuvor auch Manipulationen an ihren Gehirnen, so daß sie gesteuerten Halluzinationen ausgesetzt sind (den Gaukelspielen und Trugbildern) und dadurch ihre geistigen Kräfte verlieren.

*Wenn das Millennium einsetzt,*
*das auf das Millennium folgt:*
*Wird der Mensch mit jeglichem Leben wuchern.*
*Jegliches Leben wird vom Wucherpreis geschändet:*
*Tier, Pflanze, selbst Wasser und Luft.*
*Kein Leben wird länger Gabe Gottes sein,*
*jegliches Leben wird dem Wucher unterworfen.*
*Selbst der Wert des Menschen selbst*
*wird dann einzig an seinem Fleisch gemessen.*
*Verhökert wird sein Leib*
*gleich einem Fetzen Wildfleisch.*
*Des Menschen Ohr und Herz werden sie rauben.*
*Leben und Seele, die heilig waren,*
*werden als etwas Unheiliges betrachtet werden.*
*Sie gieren nach des Menschen Leib und Blut,*
*als würden sie Aasfleisch zerreißen.*

Erneut folgt hier eine Vertiefung der vorhergehenden Aussagen des Tempelritters. Und Johannes von Jerusalem nennt auch den Grund für den mörderischen Irrsinn, der alle Lebensformen und dazu selbst Wasser und Luft verbrecherisch für sich vereinnahmt: Es ist eine nun völlig entfesselte neokapitalistische Profitgier, die sich hemmungslos und ohne jegliche Skrupel an allem bereichert, was ihr in die Fänge gerät.

*Wenn das Millennium einsetzt,*
*das auf das Millennium folgt:*
*Werden die Lebewesen,*
*die Noah einst in seiner Arche vor der Flut rettete,*
*die behütende Hand des Menschen*
*nicht mehr kennen.*
*Denn der Wahnwitzige hat die Lebewesen*

*umgestaltet nach seinem bösen Gelüst.*
*Ihre Pein schreit zum Himmel,*
*doch die bösen Schöpfer verlachen ihr Leid.*
*Der Mensch wandelt die Lebewesen um*
*nach seinem bösen Gelüst.*
*Zahllose Geschöpfe tötet er,*
*ehe er aus dem atmenden Lebewesen*
*einen atmenden Lehmklumpen schafft.*
*Der Mensch tritt die göttliche Ordnung mit Füßen.*
*Er, der Abbild Gottes und Abschaum des Teufels ist.*

Hier geht es zweifellos um Genmanipulationen, die von einer total pervertierten „Wissenschaft" an den verschiedensten Arten von Tieren vorgenommen werden. Die Gentechniker erschaffen in ihrem abscheulichen Machbarkeitsrausch Kreaturen, wie es sie nie zuvor gab. Damit die Genmanipulateure dieses böse Ziel erreichen können, müssen während der Versuchsreihen zahllose Tiere qualvoll sterben. Später dann können die tierischen „Schöpfungen" der Wahnsinnigen am Leben erhalten werden, doch es handelt sich bei ihnen lediglich um „atmende Lehmklumpen": um plumpe, unvollkommene und grausam leidende Zerrbilder der Natur.

*** 

Und hier noch einmal Merlin, der in einigen seiner Prophezeiungen ebenfalls von genmanipulierten beziehungsweise mutierten Tieren spricht:

*Sobald diese schreckliche Heimsuchung ihr Ende gefunden hat, wird dieser unsägliche Vogel (…) eine Eiche pflanzen, und auf den Ästen der Eiche wird er sein Nest bauen. Drei Eier werden in dieses Nest gelegt, und aus ihnen werden ein Fuchs, ein Wolf und ein*

*Bär schlüpfen. Der Fuchs wird seine Mutter verschlingen und sich dann das Haupt eines Esels überstülpen. Kaum hat er diese gräßliche Gestalt angenommen, wird er seine Brüder mit Schrecken erfüllen (…)*

Die drei Säugetiere Fuchs, Wolf und Bär, die aus Vogeleiern schlüpfen, deuten auf abenteuerliche Genmanipulationen mit schier horrorartigen Auswirkungen hin. Der Fuchs wird dann in einer partiellen Mutation teilweise zu einem Esel – und das Gräßliche, das der britannische Druide hier vorhersagt, kann einen wahrhaftig in Schrecken versetzen.

*Ein Esel wird eine (…) Ziege zu sich rufen und wird dann die Gestalt mit ihr tauschen. Das Ergebnis ist, daß das Bergrind in Wut gerät: es wird den Wolf zu sich rufen und sodann den Esel und die Ziege mit seinem Horn durchbohren. Nachdem es seiner grausamen Raserei gegen sie nachgegeben hat, wird es ihr Fleisch und ihre Knochen fressen, aber das Rind selbst wird verbrannt werden (…). Die Asche, die nach seiner Verbrennung auf dem Scheiterhaufen zurückbleibt, wird sich in Schwäne umwandeln, und diese werden über trockenes Land davonschwimmen, als ob es Wasser wäre. Diese Schwäne werden den Fisch im Inneren des Fisches auffressen und werden den Mann im Inneren des Mannes verschlucken. In ihrem Alter werden sie die Gestalt von Seewölfen annehmen und werden ihr trügerisches Spiel unter dem Meeresspiegel fortsetzen. Sie werden Schiffe zum Sinken bringen (…)*

Auch hier geht es um mutierte Tiere. Aus Eseln werden Ziegen und umgekehrt, und das Rind verwandelt sich auf widernatürliche Art von einem Pflanzen- zu einem Fleischfresser. Als das Rind verbrannt wird, entstehen aus seiner Asche weitere Mutationen: die Schwäne, die Eigenschaften haben, wie sie zuvor in ihren Erbanlagen nicht vorhanden waren. Und diese mutierten Schwäne fressen den „Fisch im Inneren des Fisches" und den „Mann im Inneren des Mannes", was bedeutet: Ihre mutierten Gene verändern wiederum die Gene von Fischen und Menschen, so daß abermals Mutationen entstehen. Und zuletzt mutieren auch die Schwäne noch einmal und werden zu riesigen, gefährlichen Raubfischen im Meer; zu wahren Monstern, die Schiffe zum Sinken bringen können.

\*\*\*

Genmanipulation kann, wie die Propheten warnen, fürchterliche Auswirkungen auf das pflanzliche, tierische und auch menschliche Leben haben. Die Erde könnte aufgrund der letztlich nicht zu verantwortenden Experimente, die vielerorts auf dem Globus bereits im Gange sind, zu einer Horror-Hölle werden: zu einem Planeten, auf dem nicht länger die natürlichen Lebensformen, sondern grauenhafte Zerrbilder von ihnen existieren.

Und ebenso ist es möglich, daß die Erde selbst sich auf erschrekkende Art zum Negativen hin verändert. Nämlich dann, wenn es durch hemmungslose Profitgier der Industrie zu einer globalen Klimakatastrophe kommt – und auch dazu haben die Visionäre einiges zu sagen, wie wir im nächsten Kapitel sehen werden.

Viertes Kapitel

# Die Probleme der Weltwirtschaftskrise könnten den Klimawandel noch beschleunigen

Mit fataler Regelmäßigkeit scheiterten in den vergangenen Jahren die internationalen Klimakonferenzen. Trotz massivster Warnungen beispielsweise des Klimarates der UNO und zahlreicher Umweltschutzorganisationen wie etwa „Greenpeace" schafften es die führenden Politiker der großen Industriestaaten und der sogenannten Schwellenländer nicht, entscheidende Schritte gegen die immer noch weiter ansteigende Verschmutzung der Erdatmosphäre durch den Kohlendioxidausstoß von Industrieanlagen, Autos und Heizungen zu beschließen. In der Praxis blieb es stets bei sehr bescheidenen Absichtserklärungen oder schlicht leeren Versprechungen der Spitzenpolitiker – und dies, obwohl die Zeiger der Uhr in Sachen Klimaschutz längst auf einer Sekunde vor zwölf stehen.

Polkappen und Gebirgsgletscher schmelzen sehr viel schneller ab, als es die meisten Wissenschaftler noch vor kurzer Zeit prognostizierten. Entsprechend rasch steigt der Meeresspiegel an, und als Folge davon sind bestimmte Inselstaaten, zum Beispiel die Malediven oder gewisse Südseeatolle, bereits jetzt vom Untergang bedroht. Durch die immer weiter ansteigende Erwärmung der Atmosphäre „unseres" Planeten kommt es zu immer gefährlicheren Groß- und Kleinwetterlagen. Gigantische Wirbelstürme und von ihnen ausgelöste Flutwellen können mittlerweile selbst Großstädte wie New Orleans zerstören, und sogar in Europa und Deutschland wüteten in den vergangenen Jahren

Tornados, wie man sie in den EU-Ländern bislang nicht kannte. Daß das Wetter „verrückt spielt", wird hierzulande, in Mitteleuropa, außerdem immer mehr an den Sommer- und Wintertemperaturen deutlich. In den Hitzemonaten klettern die Quecksilbersäulen der Thermometer durchaus schon bis vierzig Grad; die Winter im letzten Jahrzehnt waren teilweise viel zu mild, doch andererseits konnte es, wie etwa im Jahr 2006, auch zu Schneekatastrophen kommen, oder es fielen in den eigentlich warmen Jahreszeiten plötzliche Nachtfröste ein.

Ungeachtet all dieser massiven Warnungen der Natur raffen sich Politik und Wirtschaft nicht dazu auf, das Ruder herumzureißen. Vielmehr sieht es so aus, als würde der dringend notwendige Klimaschutz hinter den Kulissen gezielt blockiert – und dies trotz eines höchst eindringlichen Appells, der bereits im Februar 2007 vom Klimarat der UNO, welcher die Erkenntnisse führender Wissenschaftler weitergab, an die Menschheit gerichtet wurde.

Die UNO forderte damals, daß eine grundlegende Wende in der Umweltpolitik bis spätestens zum Jahr 2020 vollzogen sein müsse. Um dieses Ziel zu erreichen, müßten sechzehn Billionen Dollar für Umweltschutzmaßnahmen und die globale Förderung alternativer Technologien aufgewendet werden. Nur auf diese Weise, quasi durch eine „Vollbremsung" in Sachen $CO_2$-Ausstoß, könne, so die UNO, ein Kollaps des Weltklimas noch verhindert werden. So lauteten damals die Kernaussagen in dem aufrüttelnden Appell des UNO-Klimarates.
Doch dann scheiterten weitere Umweltkonferenzen; selbst das Verschwinden des expliziten Klimaschutzgegners George W. Bush aus der Weltpolitik brachte bisher keinen nennenswerten Fortschritt in Sachen des Zurückfahrens der Kohlendioxidemissionen – und im Jahr 2008 begann dann auch noch die Welt-

wirtschaftskrise, wodurch sich die ohnehin schon brandgefährliche Klimasituation noch weiter verschärfen könnte. Denn die Bestrebungen der Politiker werden wohl in den kommenden Jahren vorzugsweise darauf ausgerichtet sein, das schwer angeschlagene neokapitalistische Wirtschaftssystem wieder zu sanieren. Sofern aber aus diesem Grund der Klimaschutz weiterhin und womöglich noch mehr als bisher in den Hintergrund gedrängt würde, müßte es unweigerlich zu dem von der UNO vorhergesagten Klimakollaps kommen – und zu den Auswirkungen einer solchen Katastrophe haben sich verschiedene Propheten sehr deutlich geäußert.

\*\*\*

So erschaute bereits im siebzehnten Jahrhundert der katholische Kleriker Bartholomäus Holzhauser die folgenden schrecklichen Szenen:

*Nach diesem sah ich am neunten Tage des Monats April einen Sturmwind von Westen kommen, und siehe, die Gewässer, welche in der Donau waren, erhoben sich und traten aus.*

*Dieselben stiegen in die Höhe, drangen in die Stadt ein und verwandelten sie fast in eine Wüste.*

Und weiter:

*Ich sah allenthalben auf Erden Menschen und Vieh töten. Eine große Wunde war auf Erden und diese mit Blut überschwemmt.*

Wenn die Donau ein derartiges Hochwasser führt, daß die Fluten eine ganze Stadt verwüsten, dann müssen sintflutartige Zustände herrschen.

Und die Katastrophe, welche der Visionär erblickte, beschränkt sich keineswegs auf den Donauraum, sondern ist global, wie im zweiten Teil der Prophezeiung deutlich gemacht wird.

\*\*\*

In einer böhmischen Prophezeiung, welche einer antiken Sibylle zugeschrieben wird, aber in Wahrheit auf eine anonyme mittelalterliche Textquelle aus dem Jahr 1226 zurückgeht, heißt es:

*Das zweite Zeichen* (für eine fürchterliche Katastrophe; Anm. d. A.) *wird sein, wenn die Menschen einen großen Handel aus einem Land ins andere treiben und dabei große Unterschleife und großen Betrug verüben werden, so daß einer auf den anderen keine Rücksicht nehmen wird, und wenn er ihn auch um sein gesamtes Vermögen bringen sollte.*

Im Anschluß an diese erste Weissagung, die weiter unten kommentiert werden soll, geht es in dem anonymen Text um den Untergang der Stadt Prag, und die entsprechende Prophezeiung lautet:

*Diese Stadt wird (…) durch eine große Überschwemmung zugrunde gerichtet werden. (…) Diejenigen, welche übrigbleiben, werden betrübt auf alles das schauen, denn die ganze Stadt wird einem großen Schutthaufen gleichen, aus dem sich da und dort verschiedenes Gestrüpp mühsam hervorwindet.*

*Aus diesem Schutthaufen wird nie mehr eine Stadt frisch und neu auferstehen. Marder und Füchse werden da hausen, und durchdringende, eklige Stimmen werden dort zu hören sein. Und wenn dann ein Fuhrmann dort fahren wird, wird er mit der Peitsche schnalzen und sagen: Da ist einst das große Prag gestanden.*

Dem Untergang Prags (und wohl auch anderer Metropolen) sollen unheilvolle Zeichen vorangehen; so unter anderem die folgenden:

*Diese Strafen und Plagen werden sein: Hungersnot, Mißjahre, Krankheiten, Kriege und große Fröste, durch welche schöne Getreide- und Gartenblüten verdorben werden. Es werden nämlich einmal am Anfang des Sommers große Fröste sein, so daß die Garten- und Waldbäume durch sie grau werden und die Fische in den Teichen erfrieren werden, und so werden diese Fröste einen ungeheuren Schaden verursachen. Dabei werden auch noch den Menschen ihre Lebenstage verkürzt werden, so daß viele junge Menschen sterben werden.*

*Und auch die Himmelskörper werden sich gegenüber den Menschen feindlich erweisen, und die Sonne wird ihnen nicht wie sonst warme Lichtstrahlen zusenden, und es wird oft eine starke Kälte geben, so daß die Menschen das Getreide in Pelzkleidern mähen werden. Und so werden die Menschen vielen Schaden haben, denn auch das Obst wird durch die starken Fröste zugrundegehen.*

*Ein weiteres Zeichen wird sein, daß man Schnee statt Heu einfahren wird, denn zur Jahreszeit der Heuernte wird viel Schnee fallen. Und ein anderes Zeichen wird sein, wenn Gott die Heuschrecken ins Land einfallen läßt und sie von Sonnenaufgang gen Sonnenuntergang senden wird, so daß sie einen großen Schaden verursachen werden.*

*Und ein letztes Zeichen wird sein, wenn auf dem Blanik* (sagenumwobener Berg in Mittelböhmen; Anm. d. A.) *alle Bäume von oben nach unten absterben werden und bald darauf eine große Hungersnot eintreten wird.*

Im ersten Absatz der Prophezeiung wird ganz offensichtlich das neokapitalistische Wirtschaftssystem gegeißelt, das sich über die ganze Erde ausgebreitet hat und sich rücksichtslos und zum Schaden der Menschen bereichert. Damit ist die Zeit unmittelbar vor der angesprochenen Katastrophe definiert: es ist unsere Gegenwart.

Im Verlauf dieses Kataklysmus wird Prag durch eine gigantische Überflutung zerstört, und man denkt dabei unwillkürlich an die Flutkatastrophen, die schon im ersten Jahrzehnt des neuen Jahrtausends verheerende Schäden in der Tschechischen Republik anrichteten.

Auch in den anschließenden Textteilen der Weissagung geht es um schwere Turbulenzen in der Natur: zunächst um Mißernten sowie um das Absterben von Flora und Fauna, das durch grauenhafte Sommerfröste verursacht wird, und zudem wohl um grimmige Erkältungskrankheiten bei den Menschen, die so schlimm sind, daß sie zahlreiche Todesopfer fordern.

Danach spricht die Prophezeiung eine mögliche Ursache für diese Kältekatastrophen an: Die Sonne strahlt nicht mehr so warm wie früher – vielleicht weil die Atmosphäre derart verschmutzt ist, daß auf der Erde eine Art ständiger Dämmerung einfällt.

Deshalb schneit es selbst zur Zeit der Heuernte im Sommer, und darüber hinaus wird das Land von riesigen Heuschreckenschwärmen heimgesucht, wie sie bislang nur in tropischen oder subtropischen Weltgegenden aufgetreten sind.

Und was schließlich das Absterben der Bäume von den Kronen zu den Wurzeln hin angeht, so könnte man vermuten, daß etwas in der Art von saurem, vergiftetem Regen daran schuld ist. Auf jeden Fall werden die Bäume (und bestimmt auch kleinere Pflanzen) durch gefährliche Schadstoffe in der Luft von oben nach unten zerstört, und aufgrund dieses Pflanzensterbens kommt es zu der am Ende erwähnten großen Hungersnot unter den Menschen.

***

Erschreckende Visionen über die Auswirkungen einer globalen Klimakatastrophe hatte auch die süddeutsche Paranormale Berta Hacker:

*Vor mir sah ich einen großen Berg; er war kahl und nur mit wenigen Sträuchern bewachsen. Mit einem Mal stürzte von der Spitze des Berges ein gewaltiger Wasserschwall mit glasklarem Wasser zu Tal. Der Wasserschwall wurde zu einem großen Fluß und schwemmte viel Geröll mit.*
*Am Fuß des Berges standen viele Häuser, die allesamt von den Fluten mitgerissen wurden. Auf halber Höhe des Berges stand eine jüngere, kräftige Frau nahe am strömenden Wasser. Sie trug ein blaues Arbeitsgewand und hatte ein Kind von vielleicht acht Jahren auf dem Arm. Das Gesicht der Frau war von Angst und Entsetzen gezeichnet; sie rief um Hilfe. Plötzlich wurde ihr das Kind von den Wassern entrissen und mitgeschwemmt. Es konnte einen großen Ast ergreifen und hielt sich, Hilfeschreie ausstoßend, daran fest.*

*Mir fiel auf, daß das Wasser, obwohl es Geröll, Häuser, Bäume und Sträucher mitgerissen hatte, ganz klar blieb. In der folgenden Nacht wiederholte sich die schreckliche Vision mit den reißenden Wassern, aber ich empfand diese Schauung noch viel intensiver und wirklichkeitsgetreuer. Jedoch war das Wasser im Gegensatz zur ersten Vision nun schmutzig und trüb.*

Berta Hacker lieferte eine eigene Interpretation zu dieser Schauung, die folgendermaßen lautet:

*Das klare Wasser bedeutet: Die Eiskappen an den Polen werden ab-*
*schmelzen, und dadurch wird der Meeresspiegel steigen. Das schmut-*
*zige Wasser bedeutet: Aufgrund des Abschmelzens der Polkappen*
*wird es fürchterliche Überschwemmungen geben. Der tobende Fluß,*
*der alles mit sich reißt, bedeutet: Die globalen Überflutungen, die*
*auf den vom Menschen verursachten Klimawandel zurückzuführen*
*sind, werden katastrophale Ausmaße annehmen. Das Bild von der*
*Mutter, welcher das Kind entrissen wird, bedeutet: Die Menschheit*
*wird während der bevorstehenden Naturkatastrophen von entsetzli-*
*chem Leid und milliardenfachem Tod heimgesucht werden.*

In einer weiteren Vision erblickte die süddeutsche Visionärin,
die streng katholisch war, zunächst ein riesiges Kreuz und dann
einen Planeten, der völlig verwüstet war.

*Unter dem Kreuz tat sich eine schwarze Kluft auf. Am oberen Rand*
*dieser Kluft konnte ich mehrere Bäume sehen. In die Kluft fielen mit*
*einem Mal viele schwarze Körper, große und kleine.*
*Es waren so viele, daß man sie nicht hätte zählen können. Ich hatte*
*den Eindruck, als wären es menschliche Körper, aber ohne Arme,*
*ohne Beine und ohne Köpfe.*
*Um das Kreuz und um die Kluft herum war, außer den Bäumen,*
*nur gelber Sandboden. Das war ein Anblick, als wäre alles verwüstet.*
*Ich empfand das Geschaute als Schreckensbild und verspürte große*
*Angst – und dann sprach eine innere Stimme zu mir; sie sprach von*
*einem Leichentuch, das über die Erde ausgebreitet werde.*

In der Tat könnte die letzte Konsequenz einer globalen Klimakatastrophe eine weitestgehend zerstörte Natur sein. Und in

einer anderen Schauung, bei der ihr die katholische Madonna erschien, sah Berta Hacker eine ganze Reihe von Details einer solchen Katastrophe:

*Es wird eine Hitze kommen, eine so große Hitze. Es wird so trocken und so heiß sein. Die Erde wird Sprünge und Risse bekommen; so große Sprünge und Risse, daß selbst Häuser darin verschwinden.*

*Durch die Gifte, die in der Luft liegen, wird ein Drittel der Menschen den Verstand verlieren, und ein weiteres Drittel der Menschen wird zugrunde gehen.*

*Die Ärzte werden viel Arbeit bekommen. Es werden verschiedene Krankheiten auftauchen, die von den Ärzten nicht mehr erkannt und geheilt werden können.*

*An einem Sommertag wird eine Kälte kommen, eine große sibirische Kälte. Durch sie wird alles erfrieren, alles auf der ganzen Welt. Dadurch wird eine Hungersnot kommen auf der ganzen Welt.*

*Am Himmel werden große und gewaltige Zeichen erscheinen. Die Sonne wird keinen Schein mehr geben. Der Mond wird als rote Scheibe am Himmel stehen.*

Die letzte Aussage über Sonne und Mond korrespondiert mit einer ganz ähnlichen in der böhmischen Prophezeiung, die wir weiter oben kennenlernten. Dasselbe gilt für die „große sibirische Kälte". Ebenso werden „die Gifte, die in der Luft liegen", zumindest indirekt auch in der mittelalterlichen Weissagung aus Böhmen erwähnt, und daß es aufgrund einer toxischen Verseuchung der Erdatmosphäre zu einem millionen- oder sogar milliardenfachen Massensterben auf dem geschändeten Planeten kommen könnte, ist durchaus vorstellbar. Außerdem scheint es vor oder nach dem verheerenden Kälteeinbruch eine nicht weniger grausame Aufheizung der Erdoberfläche zu geben; den Ausbruch einer Hitze, die so schlimm ist, daß der ausgetrocknete

Erdboden oft viele Meter breit aufreißt. Und in einer letzten Vision erschaute Berta Hacker, wie ganze Länder austrockneten und zu Wüsten wurden.

Während eines katholischen Gottesdienstes, den ein Afrikaner zelebrierte, hatte sie zunächst das Empfinden, als würde sich der Körper des dunkelhäutigen Priesters in eine Landkarte verwandeln – und dann erlebte sie die folgende Schauung:

*Auf dieser Landkarte waren fünf Länder eingezeichnet, deren Flächen alle grün waren. Dann sah ich plötzlich lauter kleine schwarze Tiere, ähnlich wie Läuse, in ganz dichten Massen.*

*Diese Tierchen breiteten sich sehr schnell über die fünf Länder aus. Die grünen Flächen der Länder färbten sich daraufhin alle sandgelb; ganz so, als wenn sie sich in Wüsten verwandelt hätten.*

Die Visionärin interpretierte das Entstehen der Wüsten als Folge eines mit biologischen Waffen geführten Krieges, der nach ihren Worten in arabischen Ländern stattfinden würde – doch Berta Hacker könnte mit ihrem Dritten Auge ebenso die Auswirkungen einer voll ausgebrochenen Klimakatastrophe erblickt haben.

\*\*\*

Eine Warnung vor einer verheerenden Umweltkatastrophe findet sich auch in den Prophezeiungen von La Salette, wo die katholische Madonna im Jahr 1846 zwei Hirtenkindern erschienen sein soll und ihnen unter anderem folgendes weissagte:

*Die Jahreszeiten werden sich verändern.*
*Die Erde wird nur schlechte Früchte hervorbringen.*

*Die Sterne werden ihre regelmäßigen Bahnen verlassen.*
*Die Menschheit steht am Vorabend der schrecklichsten Geißeln*
*und der größten Umwälzungen.*
*Wasser und Feuer werden auf der Erde furchtbare Erdbeben*
*und große Erschütterungen verursachen, welche Berge und*
*Städte versinken lassen.*

*Die Erde wird wie eine Wüste werden.*
*Die Erde (…) wird ihren Schoß voll des Feuers öffnen.*

Die hier zitierten Prophezeiungen sind Teil eines ansonsten eher phantastischen religiösen Traktats und wurden vom Autor aus dessen Kontext herausgelöst. Und was die Aussagen der Visionen angeht, so decken diese sich frappierend mit den Weissagungen von Bartholomäus Holzhauser und Berta Hacker sowie den hochmittelalterlichen Prophezeiungen aus Böhmen.

*\*\*\**

Dasselbe gilt für eine Schauung, welche ein noch lebender paranormal veranlagter Bauer aus der oberfränkischen Stadt Selb hatte:

*Es ist neun Uhr am Morgen, und wir haben etwa die zweite Oktoberwoche, wie ich am Stand der Sonne über dem Waldrand erkenne.*

*Von Westen her wälzt sich rasend schnell eine braunviolette Wolkenwand, die von der Erde bis weit hoch in den Himmel reicht, wie ein Brecher über das Land.*

*Es wird finster. Als es wieder hell wird, ist von Horizont zu Horizont die Gegend ein bis zwei Meter hoch verschüttet mit Geröll. Mein Dorf ist weg, als ob da nie eines gestanden hätte.*

*Die Horizontlinie der Berge von Tschechien* (von Selb aus in der Ferne zu sehen; Anm. d. A.) *hat sich jedoch nicht verändert.*
*Im Fichtelgebirge, das nur ungefähr vier Kilometer von Selb entfernt ansteigt, sieht es aus wie in der Sahara: keinerlei Vegetation, kein Anzeichen von Leben, feiner Sand, Dünen.*

*Die Sonne geht im Westen auf! Es ist wärmer geworden, circa 35 bis 40 Grad! Am Bergfuß ragen aus dem Sand drei bis vier Meter hohe Baumstümpfe, die schwarz und verkohlt aussehen. Man sieht keinerlei Ruinen.*

Die riesige Wolkenwand und die Finsternis, von denen der Bauer spricht, könnten von einem gigantischen Wirbelsturm verursacht werden, der über Nordbayern hereinbricht und ganze Ortschaften niederwalzt.

Im zweiten Teil seiner Vision schildert der Bauer dann wohl das Aussehen seiner zerstörten Heimat einige Zeit nach der Katastrophe. Oberfranken ist zur Wüste geworden, Brände haben die letzten Reste der einstigen Vegetation vernichtet, und das Klima hat sich verändert: In Nordbayern herrschen jetzt subtropische Temperaturen wie heutzutage in den Ländern Südeuropas oder Nordafrikas.

\*\*\*

Der Bayerwald-Prophet Andreas Stormberger, der im achtzehnten Jahrhundert lebte, weissagte:

*Hier im Wald werden große Häuser wie Paläste gebaut werden. Mit der Zeit aber werden sie wieder zu nichts werden, und in manchen von ihnen werden dann die Füchse und Hasen ihre Jungen aufziehen.*

Und an einer anderen Stelle heißt es in den Stormberger-Prophezeiungen:

*Eure Häuser hier im Wald werden zu Fuchs- und Wolfshütten werden.*

Der Visionär aus dem Bayerischen Wald sagte also zweimal voraus, daß seine Heimat dereinst wieder zur Wildnis werden würde. Als Grund dafür nannte er einen Dritten Weltkrieg, doch es ist nicht auszuschließen, daß es sowohl zu einer globalen Klimakatastrophe als auch zu einem weiteren Weltkrieg kommen könnte, wobei der Krieg dann vermutlich eine Folge des Umweltdesasters wäre, wie wir in einem späteren Kapitel noch sehen werden.

\*\*\*

Von schrecklichen Umweltzerstörungen sprach auch der Mühlhiasl, der ebenso wie Andreas Stormberger im Bayerwald lebte:

*Wenn man Winter und Sommer nicht mehr auseinanderkennt, und wenn die kurzen Sommer kommen, dann steht es nimmer lang an* (dauert es nicht mehr lange bis zur Katastrophe; Anm. d. A.).

Die Klimakatastrophe kündigt sich dadurch an, daß sich der regelmäßige Ablauf der Jahreszeiten verändert. Und einen „kurzen Sommer" gab es in halb Europa bereits im Jahr 2009, als im Juli und August derart viel Regen fiel, daß man schon gar nicht mehr von Sommerwetter reden konnte.

*Vom Hennenkobel bis zum Rachel* (zwei Bayerwaldberge; Anm. d. A..) *wird man durch keinen Wald mehr gehen müssen. Wenn der Wald ausschaut wie dem Bettelmann sein Rock und ebenso viele Löcher hat, dann kommt die Zeit.*

In vielen europäischen Regionen setzte das Waldsterben bereits im ausgehenden zwanzigsten Jahrhundert ein, und in der Heimat des Mühlhiasl sowie im angrenzenden Böhmerwald war es schon damals schlimm.

Luftverschmutzung, saurer Regen und ab der Jahrtausendwende möglicherweise auch die aggressiven Ultrakurzwellen der heutzutage millionenfach benutzten Mobiltelefone richteten schreckliche Zerstörungen in den Forsten an.

Weitere Verwüstungen gingen auf das Konto des Orkantiefs „Kyrill", das im Januar 2007 mit Windgeschwindigkeiten von bis zu 225 Stundenkilometern über weite Teile Europas hinwegtobte.

Der Sturm warf damals ganze Bergwälder nieder, und seitdem sehen viele ehemalige Forste in den Hochlagen des Bayer- und Böhmerwaldes wahrhaftig so zerfleddert und zerrissen aus „wie dem Bettelmann sein Rock" in den Prophezeiungen des Mühlhiasl.

***

Sehr deutlich äußerte sich ferner der Blinde Hirte von Prag, ein Visionär des vierzehnten Jahrhunderts, über eine apokalyptische Umweltkatastrophe:

*Eine Sonne wird stürzen und die Erde beben. Die Menschen werden die Welt vernichten, und die Welt wird die Menschen vernichten. Die Wilde Jagd braust über die Erde. Die Totenvögel schreien am Himmel.*

Dem ist nichts hinzuzufügen; die prophetischen Worte des böhmischen Sehers sprechen für sich.

Der britannische Druide Merlin wiederum kündigte schon in der Mitte des ersten Jahrtausends an:

*Ein Blutregen wird fallen, und eine schreckliche Hungersnot wird die Menschen heimsuchen.*

*Innerhalb eines Augenblicks werden die Meere sich erheben, und die Arena der Winde wird geöffnet werden.*
*Die Winde werden gegeneinander kämpfen mit einem Getöse von böser Vorbedeutung, und ihr Toben wird widerhallen von einem Sternzeichen zum anderen.*

Mit dem „Blutregen" könnte giftiger Fallout aus der Erdatmosphäre gemeint sein, und die aufgrund einer Klimakatastrophe ausbrechende fürchterliche und vermutlich globale Hungersnot wird auch von anderen Visionären erwähnt.

Ansonsten spricht Merlin von gigantischen Sturmfluten oder Tsunamis, durch welche vermutlich ganze Küstenregionen überschwemmt und zerstört werden, und von Orkanen, wie die Menschheit sie nie zuvor erlebte.

\*\*\*

Mega-Orkane tauchen auch in den Weissagungen des Eismeerfischers Anton Johansson auf, und der nordische Prophet erwähnte solch verheerende Stürme im Zusammenhang mit dem Ausbruch eines Dritten Weltkrieges:

*Einige Monate vor dem russischen Überfall auf Skandinavien verwüstet ein entsetzlicher Orkan große Teile Nordeuropas.*
*Auch in Italien kommt es zu schweren Naturkatastrophen, so daß Abermillionen Menschen obdachlos werden.*

*Einer dieser um den halben Globus rasenden Orkane tobt zweimal über die USA und erreicht anschließend Europa.*
*Im Mittelmeerraum richtet er immense Verwüstungen an, ehe er sich in den Weiten Osteuropas verliert.*

Im Zusammenhang mit dieser Prophezeiung ist festzuhalten, daß Johansson den größten Teil seiner Visionen – und auch die hier zitierte – im Jahr 1907 hatte.
Und der Eismeerfischer sagte damals unter anderem sehr präzise vorher, wie die beiden zu jener Zeit noch in der Zukunft liegenden Weltkriege im Detail ablaufen würden …

*** 

Schließlich soll noch der Tempelritter Johannes von Jerusalem mit einigen seiner erschütternden Visionen zu Wort kommen:

*Wenn das Millennium einsetzt,*
*das auf das Millennium folgt:*
*Werden an tausend Orten der Erde*
*babylonische Türme den Himmel spießen.*
*Die Verheerung*
*wird ein einziges Rom und Byzanz sein.*
*Öde und verwaist*
*sind die einst fruchttragenden Felder.*
*Jeder schreit sein eigenes Gesetz heraus,*
*so daß es keinerlei Gesetz mehr geben wird.*
*Innerhalb der Stadtmauern wird Barbarei hausen.*
*Hungersnöte werden ausbrechen.*
*Die verfluchten Belustigungen*
*werden keinen mehr sättigen können.*
*Aus Furcht vor dem nächsten Morgen*
*wird der Mensch die Scheiterhaufen entfachen.*

In den babylonischen Türmen, welche „den Himmel spießen",
werden die Wolkenkratzer unserer Zeit kenntlich. Und daraus
geht hervor, daß das, was Johannes von Jerusalem prophezeite,
noch zu unseren Lebzeiten Realität werden könnte:
Die Landwirtschaft ist kollabiert, Hungersnöte und anarchische Zustände brechen aus; die „verfluchten Belustigungen"
(der modernen Medienindustrie) entpuppen sich als das, was
sie sind: nämlich wertlos – und in ihrer Angst vor den weiteren
schrecklichen Auswirkungen der Klimakatastrophe werden die
Menschen „die Scheiterhaufen entfachen": wahrscheinlich in
selbstmörderischen oder auch abergläubischen Wahnsinn verfallen, so wie im Mittelalter in den Jahrhunderten der Hexen- und
Ketzerverbrennungen.

*Wenn das Millennium einsetzt,*
*das auf das Millennium folgt:*
*Wird das Festland vielfach erschüttert werden*
*und werden große Städte mit Mauern und Türmen*
*verschlungen werden.*
*Verschlungen und vernichtet wird alles,*
*was gegen den Ratschlag der Wissenden*
*errichtet wurde.*
*Unter dem Morast vergehen die Dörfer,*
*unter den Fundamenten der stolzen Paläste*
*tut sich die Erde auf.*
*So möchte die Erde den Menschen warnen.*
*Aber der Mensch ist blind und taub vor Stolz*
*und vernimmt die Warnung nicht.*
*So werden Feuerstürme all die Städte stürzen,*
*die wie ein neues Rom sind.*
*Die Legionen können den Reichtum nicht retten,*
*Barbaren und Besitzlose plündern den Reichtum.*

Der Tempelritter schildert hier Kataklysmen, welche die moderne Zivilisation mit ihren Megastädten schwer in Mitleidenschaft ziehen. Dies geschieht wohl unter anderem durch Orkane und Erdbeben, die wiederum Feuerstürme auslösen. Doch in ihrer maßlosen und blinden Vermessenheit hört die Mehrheit der Menschen nicht auf die Warnungen der Natur und der „Wissenden", der verantwortungsbewußten Umweltschützer. Die Menschheit kehrt nicht um; sie geht weiter auf ihrem verderblichen Weg, und deshalb nimmt die Katastrophe ihren Lauf. Und wenn am Ende die moderne Zivilisation zusammenbricht, rauben Horden von Gewalttätigen und Armen die ehemals so reichen Städte aus – und die „Legionen", wohl die bewaffneten Angehörigen von Armee und Polizei, sind machtlos gegen diese Plünderer.

*Wenn das Millennium einsetzt,*
*das auf das Millennium folgt:*
*Wird der Mensch mit blinden Augen*
*und leeren Händen*
*ziellos über die Erde streifen.*
*Kaum einer wird noch ein Schmiedefeuer schüren*
*und kaum einer ein Feld bestellen.*
*Der Mensch schafft sich kein Werkzeug mehr*
*und erntet nicht länger die Frucht auf dem Feld.*
*Gleich dem Samenkorn wird er sein,*
*das im Gestein Wurzeln zu schlagen versucht.*
*Nackt, erniedrigt und ohne Hoffnung*
*streift er ziellos über die Erde.*
*Vergeblich suchen Kinder und Greise ein Herdfeuer.*
*Viele suchen Rettung in den Kriegen.*
*Dort schlachten sie ihr eigenes Fleisch*
*und brüllen den Haß auf ihr Dasein heraus.*

Die Erde ist unfruchtbar geworden, und die Menschen, die trotz der Hungersnöte und der anderen fürchterlichen Heimsuchungen noch leben, führen wieder ein Nomadendasein – so wie ihre Ahnen vor Tausenden von Jahren.

Um alles noch schlimmer zu machen, bekämpfen die Horden, die jetzt noch existieren, einander – und bei diesen blutigen Auseinandersetzungen geht es vermutlich um letzte Nahrungsressourcen.

*Wenn das Millennium einsetzt,*
*das auf das Millennium folgt:*
*Wird grimmiger Hunger*
*in den Eingeweiden der Menschen wühlen.*
*Ihre Körper werden starr sein vor Frost.*
*In ihrer Not heulen die Menschen*
*nach einer besseren Erde.*
*So werden die Gaukler der Bilder erscheinen*
*und den Menschen ihr böses Gift aufschwatzen.*
*Das Gift aber vernichtet die Leiber*
*und zerfrißt die Herzen und Seelen.*
*Gleich einem Raubtier in der Falle wird der sein,*
*in dessen Inneres das Gift der Bilder eindringt.*
*So werden sie rauben und schänden,*
*Böses erzwingen und morden.*
*Gleich den Greueln des Jüngsten Tages*
*wird ihr Dasein Tag für Tag seine Fratze zeigen.*

Nicht nur Hunger, sondern auch grimmige Kälte quält die Menschen, und vielleicht will der Tempelritter damit ausdrücken, daß nach einer globalen Klimakatastrophe eine neue Eiszeit anbricht.

Die überlebende Erdbevölkerung schreit voller Sehnsucht nach „einer besseren Erde": der früheren, intakten Natur. Doch die Umweltschäden lassen sich nicht mehr heilen; die Menschen sind der Zerstörung hilflos ausgeliefert. Und außerdem treiben jetzt auch noch bösartige Scharlatane ihr grausames Spiel mit den Verzweifelten, so daß die dadurch verführten und moralisch orientierungslos gewordenen Menschen alle nur denkbaren Verbrechen begehen.

*Wenn das Millennium einsetzt,*
*das auf das Millennium folgt:*
*Wird die Seuche der Ozeane, des Firmaments*
*und des festen Landes*
*den Menschen bedrohen und ihn vergiften.*
*Was er vernichtet hat,*
*wird der Mensch wieder aufrichten wollen.*
*Was noch sein Leben fristet,*
*wird er verzweifelt zu retten versuchen.*
*Er wird es aus Furcht tun vor dem Kommenden.*
*Aber was er retten möchte, ist nicht mehr zu retten.*
*Aus sattem Erdreich wird tote Wüste.*
*Tief in den Gewässern öffnen sich Abgründe,*
*die dann, wenn die Zeit kommt, aufbrechen werden*
*und alles Leben verschlingen*
*gleich der Sintflut.*
*So wird der letzte Tag des Erdkreises anbrechen,*
*und der giftige Hauch wird zuerst*
*die Leiber der Kinder und Greise verzehren.*

Hier zieht der Tempelritter quasi ein Resümee der Zerstörung. Die Meere sind vergiftet, ebenso die Atmosphäre und der Erdboden. Große Teile des Planeten sind von Wüsten bedeckt, und in den Ozeanen drohen offenbar unterseeische Vulkanausbrüche. Die Menschen haben keine Chance mehr, etwas gegen das Desaster zu unternehmen, das sie in der Natur anrichteten. Die nun extrem feindliche Umwelt ist stärker und tötet zunächst die körperlich Schwachen: die Kinder und die Alten.

*Wenn das Millennium einsetzt,*
*das auf das Millennium folgt:*
*Wird Sol den Leib Terras verzehren.*
*Nicht länger wird die Luft vor der Glut bewahren.*
*Wird nur noch ein durchlöcherter Schleier sein,*
*und die tödliche Glut wird Haut und Augen verätzen.*
*Gleich einem brodelnden Kessel*
*schäumt der Ozean gen Himmel.*
*Das Meer verschlingt Städte und Ströme*
*und überflutet riesige Teile der Erde.*
*Diejenigen, die sich auf die Berge gerettet haben,*
*bemühen sich, das Zerstörte neu zu errichten.*
*Sie wissen nicht mehr, was sich ereignet hat.*

In dieser Prophezeiung spricht Johannes von Jerusalem die Zerstörung der Ozonschicht in der Erdatmosphäre an, die ebenfalls ein Resultat der massiven Umweltverschmutzung durch den Menschen ist. Die Ozonschicht ist nun dermaßen löchrig geworden, daß sie die Lebewesen auf „unserem" Planeten nicht mehr vor der gefährlichen UV-Strahlung der Sonne zu schützen vermag. Infolgedessen kann „Sol den Leib Terras verzehren" und „Haut und Augen" von Menschen und Tieren „verätzen".
Während dieser Zeit, da vermutlich die Krebserkrankungen unter den jetzt noch überlebenden Resten der Menschheit rapide ansteigen, kommt es auch noch zu gigantischen Überflutungen. Wahrscheinlich sind die Spiegel der Weltmeere infolge des

Abschmelzens der Polkappen so stark angestiegen, daß große Teile der Landmassen des Planeten von den herantosenden Wassern der Ozeane verschlungen werden. Ein Teil der Menschen konnte sich aber in Bergregionen retten und dort überleben. Spätere Generationen versuchen sodann, eine neue (wohl sehr bescheidene) Zivilisation aufzubauen. Und deren Nachfahren, die offenbar keine mündlichen oder schriftlichen Überlieferungen kennen, „wissen nicht mehr, was sich ereignet hat": Sie haben vergessen, daß die hochtechnisierte und globalisierte Welt der Vergangenheit durch menschlichen Wahnsinn und hemmungslose Zerstörung der Natur in den Abgrund gestürzt wurde.

✱✱✱

Soweit die zutiefst beklemmenden Visionen, die vor einer vermessenen Mißachtung der unendlich weisen Naturgesetze warnen; jener unumstößlichen Naturgesetze, die im Zuge der Weltwirtschaftskrise von Neokapitalisten und fehlgeleiteten Politikern womöglich immer noch mehr mit Füßen getreten werden könnten – bis hin zum ökologischen Kollaps mit allen seinen apokalyptischen Auswirkungen. Ein sinnvoller Weg, einer derart mörderischen Fehlentwicklung entgegenzutreten, wären entschlossene Proteste, machtvolle Demonstrationen, millionenfacher Boykott umweltschädlicher Produkte und andere durchaus kämpferische Aktionen von ganz normalen und verantwortungsbewußten Menschen. Auf diese Weise könnten Konzernbosse und Großpolitiker vermutlich erfolgreich unter Druck gesetzt werden – aber um solche Kampfaktionen umzusetzen, bräuchte es viel humane Solidarität unter den sogenannten „kleinen Leuten". Die jedoch wird in den postmodernen Gesellschaften ebenso wie die Natur oft gezielt zerstört – und auch über diese fatale Entwicklung haben sich verschiedene Propheten warnend geäußert.

Fünftes Kapitel

# Aufgrund der Krise droht eine noch gravierendere Entsolidarisierung der Gesellschaft als bisher

Bis zum Zusammenbruch des „kommunistischen" Ostblocks um das Jahr 1990 herum existierte in den demokratischen Ländern Europas durchaus so etwas wie soziale Solidarität unter den meisten Menschen, und ziemlich gut funktionierende Soziale Marktwirtschaften waren im ökonomischen Bereich der greifbare Beweis dafür. Doch auch in den damaligen Ostblockstaaten gab es unter der Zwangsjacke der Diktaturen sehr viel positives menschliches Miteinander; die „kleinen Leute" halfen sich gegenseitig in vielerlei Bereichen und konnten die Härten des Daseins im Osten dadurch besser ertragen.

Dann aber, als sich der von der UdSSR dominierte Machtblock auflöste, machte sich in ganz Europa eine neue und deutlich kältere Mentalität breit. Das liberale Wirtschaftssystem des Westens hatte über die staatliche Planwirtschaft des Ostens gesiegt – und kaum war der Eiserne Vorhang zwischen Ost- und Westeuropa gefallen, triumphierte hier wie dort ein blitzschnell entstandener und in der Folge immer mehr ausufernder Neokapitalismus. Einzig hemmungsloser Konsum und damit enorme Profitsteigerungen der westlichen Konzerne zählten jetzt noch, und angesichts dessen blieben Mitmenschlichkeit und altruistisches Denken in den folgenden Jahren und Jahrzehnten zunehmend auf der Strecke. So entstanden sogenannte Ellenbogengesellschaften, in denen nur noch der persönliche Vorteil des einzelnen beziehungsweise die Aktienkurse der Wirtschaftstrusts zählten. Immer brutalere materielle Raffgier machte sich breit – und Hand in Hand damit ging bei sehr vielen und vor allem jüngeren Menschen, die bereits in ihren frühen Jahren vom skrupellosen Neokapitalismus geprägt worden waren, ein erschreckender Werteverlust einher.

In den Betrieben wird heutzutage vielfach „gemobbt", also Psychoterror gegen andere ausgeübt, um die eigene Karriere zu befördern, und selbst unter den Kindern in den Schulen breitet sich diese infame Methode, die Mitschüler zu quälen und dadurch in ihren Leistungen zu behindern, immer mehr aus. Im Bankenbereich wurden, wie sich nach Ausbruch der Finanzkrise herausstellte, von zahlreichen Investmentbankern die fiesesten Tricks angewandt, um gutgläubigen Kunden, die ihr Geld sicher anlegen wollten, hochriskante Anlagen zu verkaufen.

Und im täglichen Leben zählen früher selbstverständliche Dinge wie etwa uneigennützige Nachbarschaftshilfe immer weniger; statt dessen ist, beispielsweise in größeren Wohnanlagen, zunehmend rüpelhafte Rücksichtslosigkeit gegenüber den Mitbewohnern zu beobachten.

Dies sind nur einige wenige Beispiele für die Entsolidarisierung der heutigen Konsumgesellschaft und den Verlust an moralischen Werten wie etwa Hilfsbereitschaft, Barmherzigkeit, Freundlichkeit und gegenseitige Rücksichtnahme.
Ohne diese grundlegenden Werte jedoch kann eine Gesellschaft nicht auf Dauer bestehen und sich den Herausforderungen, die auf sie zukommen, nicht erfolgreich stellen. Das beweisen die Erfahrungen aus der Geschichte, wo Staaten in Katastrophen untergingen, weil Anstand und Humanität mit Füßen getreten wurden, und auch für die postmodernen Gemeinwesen unserer Zeit besteht aus den genannten Gründen die Gefahr der Selbstvernichtung. Weitgehender Werteverlust in den Großbanken,

Wirtschaftskonzernen und in der Politik führte zur gegenwärtigen globalen Krise – und aufgrund der sozialen Turbulenzen, die schon aus der Weltwirtschaftskrise entstanden sind und sich womöglich noch verschlimmern werden, könnte ein noch ärgerer moralischer Absturz passieren. In ihren Ängsten um die eigene Existenz könnten sehr viele Menschen völlig auf die humanen Werte vergessen, und auch zu solch gräßlichen gesellschaftlichen Zuständen haben sich etliche Propheten mit aufrüttelnden Aussagen zu Wort gemeldet.

\*\*\*

Der westfälische Paranormale Wessel Dietrich Eilert, auch als der alte Jasper bezeichnet, kündigte in seinen Prophezeiungen einen Dritten Weltkrieg an und sagte im Zusammenhang damit vorher:

*Vor diesem Krieg wird eine allgemeine Untreue eintreten. Die Menschen werden Schlechtigkeit für Tugend und Ehre, Betrügerei für Politesse* (Artigkeit; Anm. d. A.) *ausgeben.*

Und über diese moralisch abgestürzte Gesellschaft wird dann nach den Worten des Hellsehers die Katastrophe eines weiteren Weltkrieges hereinbrechen.

\*\*\*

In einem der berühmt gewordenen Briefe, welche der oberbayerische Schreinermeister Andreas Rill zu Beginn des Ersten Weltkrieges im August 1914 von der Front in Frankreich an seine Angehörigen sandte und in denen er Weissagungen eines Kriegsgefangenen aus Lothringen wiedergab, heißt es über die Zeit nach dem von dem Lothringer richtig prophezeiten Zweiten Weltkrieg:

*Die Menschen werden immer weiter ins Unglück getrieben und schlechter, und alles will nur Ware und Besitz haben.*

*Aber es ist den Leuten alles gleich, denn der gute Mensch kann fast nicht mehr bestehen während dieser Zeit und wird verdrängt und verachtet.*

*Dann erheben sich die Leute selbst gegeneinander, denn der Haß und der Neid wachsen wie das Gras, und die Leute kommen noch immer weiter in den Abgrund.*

Ansonsten warnte auch dieser französische Visionär vor einem Dritten Weltkrieg, der nach der beschriebenen Epoche des moralischen Niedergangs ausbrechen werde.

\*\*\*

Sehr unmißverständlich äußerte sich um das Jahr 1925 herum auch der Waldhirte Prokop über die Zustände in der postmodernen Gesellschaft:

*Die, die arbeiten, werden alleweil weniger, und die, die von denen ihrer Arbeit leben, alleweil mehr.*

Oder anders ausgedrückt: Hasardeure und Gauner, wie beispielsweise vor lauter Profitgier außer Rand und Band geratene Investmentbanker, skrupellose Hedgefond-Haie, gewissenlose Anlageberater, die einzig ihre eigenen, oft irrsinnig hohen Provisionen und Bonuszahlungen im Sinn haben, sowie Konzernmanager, denen es lediglich um Profitmaximierung auf Kosten der Arbeitsplätze und des Betriebsklimas geht, bereichern sich schamlos an dem, was anständige Menschen durch ehrliche Arbeit erworben haben.

Der Böhmerwaldprophet Sepp Wudy klagte schon vor ungefähr einem Jahrhundert:

*Der Anlaß* (für einen Dritten Weltkrieg; Anm. d. A.) *wird sein, daß die Leute den Teufel nicht mehr erkennen, weil er schön gekleidet ist und ihnen alles verspricht.*
*Ich verstehe auch die Leute nicht, daß sie gar keinen Herein haben, und sie werden alleweil schlimmer.*

Mit dem Teufel meinte der katholische Böhmerwäldler wohl die oben erwähnten Wirtschaftskriminellen, und der Ausdruck „keinen Herein mehr haben" bedeutet im süddeutschen Sprachgebrauch: maßlos in den materiellen Begierden werden sowie jegliche Moral verlieren.

*\*\*\**

In einer wenig bekannten Aussage von Alois Irlmaier, welche der oberbayerische Visionär Ende der vierziger Jahre des zwanzigsten Jahrhunderts einer jungen Frau gegenüber machte, heißt es:

*Mädchen, du erlebst die große Umwälzung, die kommen wird. Zuerst kommt ein Wohlstand wie noch nie. Dann folgt ein Glaubensabfall wie nie zuvor. Dann eine noch nie dagewesene Sittenverderbnis.*
*Man wird immer hochmütiger werden und dem Herrgott alle Ehre nehmen wollen. So wird man falsche Sterne unter die echten schieben. Die jungen Leute werden ihre Herzen festhalten müssen, damit man sie ihnen nicht raubt um Geld.*

Im ersten Absatz der Prophezeiung erkennen wir das Wirtschaftswunder nach dem Zweiten Weltkrieg, danach die Befreiung von den katholischen Zwängen im Bayern des ausgehenden zwanzigsten Jahrhunderts – und zuletzt die Gegenwart mit ihrem schrecklichen Werteverlust. Im zweiten Absatz sagt Irlmaier in seiner christlich geprägten Diktion, daß den Menschen anstelle echter Werte falsche untergeschoben werden.

Und im dritten Absatz schließlich bringt er das moralische Dilemma unserer Zeit auf den Punkt: Insbesondere die junge Generation läuft Gefahr, durch die Schuld des Neokapitalismus und zusätzlich aufgrund der Bedrohungen durch die Wirtschaftskrise etwas unendlich Wertvolles zu verlieren; nämlich Herzensbildung und Herzenswärme.

\*\*\*

Die paranormale Ordensfrau Erna Stieglitz warnte bereits im Jahr 1975:

*Die Sünde der Hoffart wird riesig; die Sünde, daß alles Machbare gemacht wird.*
*Teuflische Profitgier zerstört nicht nur die westliche Halbkugel, sondern die ganze Welt.*
*Der Tanz ums Goldene Kalb hat neu begonnen; die Götzen sind selbst gemacht.*

Machbarkeitswahn und Profitgier bedrohen und zerstören die Moral der Menschen. Ein globales Desaster wird nach den Worten der Visionärin die Folge sein, und die Götzen, denen viele verfallen sind, werden in den ersten beiden Absätzen der Prophezeiung deutlich beim Namen genannt.

\*\*\*

In einer anonymen Weissagung aus Westfalen heißt es:

*Es wird eine Zeit kommen, wo die Welt sehr gottlos werden wird. Nicht Treue, nicht Glauben herrscht mehr.*

*Es wird zu einem allgemeinen Aufruhr kommen, so daß der Vater gegen den Sohn und der Sohn gegen den Vater steht. Die Menschen lieben Spiel und Scherz und Lustbarkeiten aller Art zu dieser Zeit. Aber dann wird's nicht lange mehr dauern, daß eine Änderung eintritt. Dann bricht ein furchtbarer Krieg aus.*

Auch hier wird der Moralverlust angesprochen; dazu das Zerbrechen der sozialen Bindungen bis hinein in die Familien. Außerdem wird die oberflächliche „Fun"-Gesellschaft der Gegenwart kritisiert, und zuletzt ist auch hier wieder die Rede von einem Dritten Weltkrieg, der offenbar eine Folge des ethischen Absturzes der Menschheit ist.

\*\*\*

In eine ganz ähnliche Richtung gehen einige Prophezeiungen des Mühlhiasl, die bereits im Einführungskapitel dieses Buches zitiert wurden:

*Wenn alles drunter und drüber geht.*
*Nachher ist die Zeit da.*
*Sobald es angeht, ist einer über dem anderen.*
*Raufen tut alles.*
*Wer etwas hat, dem wird's genommen.*
*Jeder wird einen anderen Kopf aufhaben,*
*und eins wird das andere nicht mehr mögen.*
*Der Bruder wird den Bruder nicht mehr kennen*
*und die Mutter die Kinder nicht.*

*Zwei Holzhauer sitzen auf einem Stock*
*und dürfen einander nicht trauen.*
*Gesetze werden gemacht, die niemand mehr*
*achtet, und Recht wird nimmer Recht sein.*

In der Tat hat die moderne Gesetzgebung dafür gesorgt, daß zwielichtige Profithaie unangefochten ihr Unwesen treiben können, wenn sie sich für ihre schmutzigen Millionendeals nur gewisse Gesetzeslücken zunutze machen. Dies hat der Mühlhiasl sehr deutlich erkannt – und auch in seinen übrigen Aussagen wird das Debakel der modernen, entsolidarisierten Gesellschaft deutlich.

***

Zusammenfassend läßt sich feststellen, daß in den hier vorgestellten Weissagungen zwei Kernaussagen stecken: Zum einen wird der immer mehr um sich greifende Werteverlust in den westlichen Industriestaaten zu Beginn des dritten Jahrtausends angeprangert – und zum anderen warnen die Visionäre vor einem Dritten Weltkrieg, der infolge eines allgemeinen moralischen Absturzes grauenhafte Realität werden könnte.

Und diese Gefahr eines alles vernichtenden Krieges von noch nie dagewesenen Ausmaßen ist mit dem Ausbruch der Weltwirtschaftskrise im Jahr 2008 noch gestiegen. Denn die Regierungen konzentrieren ihre Anstrengungen seitdem auf die materielle Überwindung der Krise, wobei sie in allererster Linie die Megakonzerne und Großbanken unterstützen, und vernachlässigen darüber dringend notwendige soziale Reformen.

Bildungs- und Kultureinrichtungen leiden zunehmend unter Geldknappheit, die Lehrer an den Schulen stöhnen unter ihrer Überlastung, und bestimmte Zyniker unter den Politikern behaupten sogar, daß die sowieso schon sehr knapp bemessenen Sozialhilfeleistungen des Staates ohne gesellschaftlichen Schaden noch weiter gekürzt werden könnten. Ein-Euro-Jobs, durch welche die betroffenen Menschen schlicht ausgebeutet werden, lösen in den Kreisen dieser brutal unterprivilegierten „Arbeitnehmer" sehr verständliche Wut aus – und die Liste derartiger sozialer Fehlentwicklungen ließe sich noch eine ganze Weile fortsetzen.

Viele von denen, die in der Bundesrepublik Deutschland und in anderen westlichen Staaten den Ton angeben, müssen sich vorwerfen lassen, Ethik und Moral sträflich vernachlässigt zu haben – und sofern dies die „Großen" tun, darf man sich nicht wundern, wenn auch die „Kleinen" entsprechend handeln und ebenfalls mehr und mehr auf die positiven Werte pfeifen.

Politiker und Wirtschaftsmanager, die Karriere- oder Profitdenken eiskalt über jede Moral stellen, tragen also durchaus nicht unbeträchtliche Schuld am allgemeinen Werteverlust – doch die Hauptschuld ist nicht ihnen, sondern einer ganz anderen Macht in den westlichen Gesellschaften anzulasten: den außer Rand und Band geratenen Massenmedien, allen voran den privaten Fernsehsendern, die seit den achtziger Jahren des zwanzigsten Jahrhunderts für einen katastrophalen Absturz des allgemeinen Bildungs- und Ethikniveaus gesorgt haben. Unterstützt wurden sie darin im neuen Jahrtausend durch die massenhafte Verbreitung von verdummenden und menschenverachtenden Computerspielen – und im folgenden Kapitel wollen wir uns nun ansehen, was die Propheten zu dieser äußerst bedrohlichen Entwicklung zu sagen haben.

# Sechstes Kapitel

# Die Volksverdummung durch gewisse Medien kann in der Krisensituation brandgefährlich werden

Jeder gebildete Mensch kennt diesen Frust: Man möchte es sich am Feierabend vor dem Fernseher gemütlich machen und sich einen guten Film anschauen. Doch dann stellt man fest, daß die TV-Sender, insbesondere die privaten wie SAT 1, PRO 7, RTL, VOX oder DAS VIERTE in ihren Spielfilmprogrammen wieder einmal nichts anderes als unerträglichen Kitsch und Schund zumeist US-amerikanischer Machart bringen.

Ständiger Schußwaffeneinsatz, brutale Schlägereien und wilde Autoverfolgungsjagden stellen die hauptsächlichen Ingredienzien von immer gleich gestrickten Krimis und Thrillern dar. Darüber hinaus gibt es stupide Horror- oder Mysteryfilme, in denen ekelerregende Kreaturen, die mittelalterlichem Aberglauben entsprungen zu sein scheinen, ihr Unwesen treiben. Außerdem dürfen die unvermeidlichen Westernfilme mit ihren Revolverschwingern nicht fehlen; dazu Historienschinken mit oft haarsträubenden historischen Fehlern – und last but not least die weiblichen Hauptdarstellerinnen, die praktisch stets durch üppige, silikonschwangere Brüste und stereotype Bettakrobatik glänzen.

Ab der Mitternachtsstunde „erfreuen" verschiedene Privatsender die Zuschauer dann durch Softpornos; auch in Werbeeinspielungen, welche die Kitsch- und Schundfilme unterbrechen, dürfen masturbierende Frauen „bewundert" werden – und fast noch peinlicher sind die TV-Formate, in denen sich sogenannte

Promis produzieren: „Promis" beim klatschsüchtigen „Talken", beim „Promi-Dinner" oder im „Promi"-Urwaldcamp. Hinzu kommen dann noch die „Comedians", etwa vom Schlage einer Hella von Sinnen oder eines Bernhard Hoëcker, die zusammen mit Hugo Egon Balder in der für gebildete Menschen unerträglichen Samstagabendsendung „Genial daneben" haarsträubende und meist sexistische „Dialoge" auf dem Niveau von pubertierenden Halbwüchsigen führen.

So sehen die Programmformate der Privatsender aus, und das allein ist schon schlimm genug – noch schlimmer jedoch ist die Tatsache, daß derartiger Schrott von der breiten Masse der Bevölkerung offensichtlich auch noch sehr geschätzt wird. Denn je primitiver, gewaltverherrlichender und menschenverachtender die TV-Sendungen gestrickt sind, desto höher fallen die Einschaltquoten aus. Und das gilt nicht nur im Bereich der Privatsender, sondern mittlerweile zunehmend auch für die öffentlich-rechtlichen Sendeanstalten, die längst ebenfalls auf den Zug des Minus-Niveaus zugunsten der Quoten aufgesprungen sind. Denn selbst bei ARD und ZDF nehmen in letzter Zeit die beim Volk ach so beliebten Krimiproduktionen, im Regelfall mit weiblichen Hauptdarstellern, überhand, so daß inzwischen jede auch nur einigermaßen prominente Schauspielerin ihre eigene Kommissarinnen-Rolle hat.

Und all dies geschah, obwohl es vor der Zulassung des Privatfernsehens gesellschaftlicher Konsens und zudem gesetzlich festgeschrieben war, daß die Fernsehanstalten zur Bildungsvermittlung und zum Eintreten für Humanität und andere unverzichtbare Werte verpflichtet seien. Doch dann wurde dieser Anspruch von den Privatsendern zunehmend ausgehebelt, und das passierte, weil diese Medienunternehmen nur ein einziges Ziel kennen:

möglichst hohe Einschaltquoten und damit auch möglichst hohe Profite durch die Einnahmen aus den Werbeeinspielungen zu erreichen. Dafür nahm man – und das nach Meinung des Autors ohne die geringsten Skrupel – einen Absturz des TV-Niveaus ins Bodenlose in Kauf. Auf diese Weise setzte sich das Privatfernsehen gegen die öffentlich-rechtlichen Anstalten durch und erreichte im Lauf der Zeit durch Neugründungen von Sendern immer noch höhere Marktanteile, und um nicht völlig ins Abseits zu geraten, mußte man im öffentlich-rechtlichen Bereich notgedrungen nachziehen. Dort verzichtete man ebenfalls mehr und mehr auf den früher so wichtigen Bildungsanspruch – und unterstützte so die verderbliche und für die Gesellschaft sehr gefährliche Fehlentwicklung, die durch die Privatsender in Gang gesetzt worden war, noch.

Das Abschmieren der TV-Programme in triviale Kitsch- und Schundformate hatte dann mit einiger Verzögerung auch zerstörerische Auswirkungen auf die Literatur. Denn Schritt um Schritt wurden im Rahmen eines immer weiter um sich greifenden und hauptsächlich von den privaten Fernsehanstalten zu verantwortenden billigen Populismus nun auch die Buchverlage umfunktioniert. Und das schlimme Ergebnis wird insbesondere in den Buch-Supermärkten der großen Buchhandelsketten sichtbar, wo im Angebot knallhart auf optimal verkäufliche Trivialliteratur gesetzt wird. Im Prinzip sind es immer die gleichen, literarisch wertlosen Romane, die sich dort auf den Bestseller-Tischen stapeln: brutalste Thriller, zumeist von US-amerikanischen Autoren; dazu infantile Fantasy sowie schmalzige Liebesschnulzen und historischer Kitsch à la Rosamunde Pilcher, Diana Gabaldon, Iny Lorentz, Rebecca Gablé und anderen Trivialautorinnen, deren seichte Herzschmerz- und Historiengeschichten praktisch beliebig untereinander austauschbar sind – und dasselbe gilt für die Umschlagbilder speziell der historischen Schwarten, die seit einiger Zeit vermehrt nach immer dem gleichen Muster gestaltet werden: leidlich hübsch und etwas unbedarft wirkende junge Frau vor romantisch oder dramatisch wirkender Mittelalterkulisse.

All dieser Schund und Kitsch läßt sich unter dem Sammelbegriff Fluchtliteratur zusammenfassen, worunter man qualitativ schlechte, aber leicht verständliche Bücher versteht, die es den Lesern problemlos ermöglichen, die Realität zu vergessen und sich in Traumwelten zu flüchten. Früher wurden solche Werke auch als Hintertreppen- oder Milchmädchenromane bezeichnet; heutzutage dominieren sie die Bestsellerlisten – und gleichzeitig sind literarisch und inhaltlich wertvolle Bücher, aus denen die Leser echten Gewinn ziehen könnten, kaum noch in den Buchhandlungen zu finden.

Einzig die geistige Betäubung und Verdummung der Leser mit dem Mittel der Fluchtliteratur scheint im heutigen Großverlagswesen, das sich zunehmend zu einer Art Unterhaltungsindustrie-Buch entwickelt, noch zu zählen. Und ebenso schlimm ist es in einem weiteren Bereich der Medienindustrie: in der höchst lukrativen Sparte der Computerspiele.

Auch hier werden gerade junge Menschen dazu verführt, den Herausforderungen des realen Lebens auszuweichen und in virtuelle Scheinwelten zu fliehen – und oft genug geschieht dies auf geradezu unverantwortliche Weise; nämlich durch das massenhafte Angebot von Killerspielen. Solche Computerspiele, die unverständlicherweise noch immer nicht strikt verboten sind, ermöglichen es den „Usern", mit dem Joy(!)-Stick Menschen zu jagen und massenhaft umzubringen, und je brutaler und erfolgreicher ein Spieler virtuell mordet, desto höher ist die Anerkennung, die ihm das PC-Programm spendet. Auf diese Art aber werden natürliche Hemmschwellen im Gewaltbereich abgebaut und zugleich das Aggressionspotential des Killerspielers gesteigert, und darin liegt eine enorme gesellschaftliche Gefahr, wie in den letzten Jahren durch jugendliche Amokläufer an Schulen, die zugleich Fans solcher Computerspiele waren, immer deutlicher wurde.

Andere PC-Spiele wiederum verführen ihre „User", wie oben bereits gesagt, zur Realitätsflucht, und auch das kann schwerwiegendes soziales Fehlverhalten auslösen, weil junge Leute, die sich in Scheinwelten flüchten, den Anforderungen des wirklichen Lebens dann häufig nicht mehr gewachsen sind. Ihr kritischer und wacher Blick versagt; um so leichter können sie von anderen, die Interesse daran haben, manipuliert werden – und damit sind wir beim Kernthema dieses Kapitels: der gezielten Volksverdummung und eiskalten Manipulation der breiten Masse, welche zumindest Teile der Medienindustrie nach Meinung des Autors ganz bewußt aus wirtschaftlichen Beweggründen heraus betreiben.


Am Anfang dieses Kapitels wurde dargestellt, mit welchen Mitteln dies (unter anderem) geschieht, und das Fazit, das man daraus ziehen muß, lautet: Diejenigen, welche den geistigen und moralischen Absturz der westlichen Gesellschaften anstreben, haben, zynisch gesagt, bereits eine Menge erreicht. Denn das allgemeine Bildungsniveau ist in den vergangenen zwanzig Jahren rapide gesunken, und damit einhergehend ist auch ein schrecklicher Werteverlust zu beklagen. Das soziale Miteinander in den Industriestaaten hatte dadurch schon vor dem Ausbruch der Weltwirtschaftskrise schwer gelitten – und nun, wo die Krise da ist und sicher noch geraume Zeit anhalten wird, könnten die neokapitalistischen Megakonzerne und mit ihnen bestimmte

Politikerkreise alle Hemmungen verlieren und zum Zweck eines neuen Wirtschaftsaufschwunges die Verdummung breitester Bevölkerungsschichten noch forcieren.

Am leichtesten nämlich könnte die Weltwirtschaft durch vermehrten Konsum in den Industrieländern wieder angekurbelt werden – und dies wäre zu erreichen, wenn man möglichst realitätsfremde und kritiklose Konsumidioten „züchten" könnte. Und „erfolgreiche Vorversuche" in dieser Richtung wurden in der jüngeren Vergangenheit ja quasi schon angestellt; man denke nur an die extrem aggressive Fernsehwerbung für Mobiltelefone in den ersten Jahren des neuen Jahrtausends, die letztlich dazu führte, daß in Deutschland am Ende weit mehr „Handys" angemeldet und in Betrieb waren als das Land Einwohner hatte.

Durch raffinierte und skrupellose Manipulation von Milliarden bereits einschlägig „vorgeschädigter" Menschen ließe sich die Weltwirtschaftskrise, wenn auch mit letztlich verbrecherischen Mitteln, also durchaus überwinden – und von den Visionären wurde ein solch krimineller Coup, der große Teile der Menschheit zum Zweck der Profitmaximierung mental versklaven würde, auch vorhergesagt.

***

Zwei Prophezeiungen des Tempelritters Johannes von Jerusalem, die sich mit der psychischen Verknechtung der Menschen im einundzwanzigsten Jahrhundert beschäftigen, haben wir in der Einführung zu diesem Buch bereits kennengelernt; hier sollen sie aber noch einmal gekürzt zitiert werden:

*Wenn das Millennium einsetzt,*
*das auf das Millennium folgt:*
*Betritt der Mensch ein finsteres Labyrinth,*
*in dem er sich rettungslos verirrt.*

*Der Mensch vernimmt nicht Kassandras Stimme,*
*so laut und eindringlich sie auch ruft.*
*Denn Gier treibt ihn,*
*und seinen Blick umgaukeln Trugbilder.*
*Finstere Herrscher,*
*die sich zu seinen Meistern aufwerfen wollen,*
*täuschen und verlocken den Menschen.*

Was unter den „Trugbildern" zu verstehen ist, welche den heutigen Menschen „umgaukeln", haben wir soeben definiert, und es ist auch klar, wen Johannes von Jerusalem mit den „finsteren Herrschern" meint: die skrupellosen Drahtzieher in den Manager-Etagen und Werbeabteilungen von Megakonzernen, die eine Gesellschaft von Konsumidioten anstreben.

*Wenn das Millennium einsetzt,*
*das auf das Millennium folgt:*
*Werden Zwingherren ohne Glauben regieren.*
*Tyrannen werden sie sein*
*über hilflose und ahnungslose Menschenströme.*
*Die Gesichter der Bösartigen werden verhüllt sein*
*und die Namen der bösartigen Herrscher geheim.*
*Die Menschen glauben,*
*freie Männer und von ritterlichem Reichtum zu sein.*
*Aber in Wahrheit sind sie Leibeigene und Sklaven.*

Wäre dem Tempelritter des zwölften Jahrhunderts der moderne Ausdruck bekannt gewesen, dann hätte er vermutlich von Konsumsklaven gesprochen, die sich in ihrer Verblendung einreden, frei und wohlhabend zu sein. Aber auch so ist die Aussage des Johannes von Jerusalem deutlich genug, und sehr treffend hat er auch ausgedrückt, daß die „Zwingherren" der Postmoderne, die enorm mächtigen und global agierenden Wirtschafts- und Finanzbosse, ihre Fäden mehr oder weniger anonym hinter den Kulissen der demokratischen und wohl auch der autoritären Staaten ziehen.

***

Zwei weitere Prophezeiungen des Tempelritters lauten folgendermaßen:

*Wenn das Millennium einsetzt,*
*das auf das Millennium folgt:*

*Wird grimmiger Hunger*
*in den Eingeweiden der Menschen wühlen.*
*Ihre Körper werden starr sein vor Frost.*
*In ihrer Not heulen die Menschen*
*nach einer besseren Erde.*

*So werden die Gaukler der Bilder erscheinen*
*und den Menschen ihr böses Gift aufschwatzen.*
*Das Gift aber vernichtet die Leiber*
*und zerfrißt die Herzen und Seelen.*
*Gleich einem Raubtier in der Falle wird der sein,*
*in dessen Inneres das Gift der Bilder eindringt.*
*So werden sie rauben und schänden,*
*Böses erzwingen und morden.*
*Gleich den Greueln des Jüngsten Tages*
*wird ihr Dasein Tag für Tag seine Fratze zeigen.*

Die ersten Zeilen dieser Weissagung könnten so interpretiert werden: Aufgrund der Weltwirtschaftskrise sind die sozialen Netze der westlichen Industriestaaten zusammengebrochen, so daß die Bürger hungern und frieren. Sie schreien nach einer „besseren Erde"; wohl nach dem früheren humanen Sozialstaat, den sie verloren haben.

Doch im weiteren Verlauf der Prophezeiung wird gesagt, daß die Menschen statt dessen etwas ganz anderes bekommen. Die „Gaukler der Bilder" schwatzen ihnen ihr „böses Gift" auf, und das bedeutet: Die verzweifelten Bürger werden nach wie vor auf kriminelle Art durch Bildmedien (TV, Computer, hochtechnisierte Mobiltelefone) manipuliert. Zusätzlich scheinen Drogen eingesetzt zu werden, die schwere bis tödliche körperliche sowie psychische und moralische Schäden hervorrufen.

Insgesamt werden die Menschen dadurch ihren unsichtbaren Feinden total ausgeliefert. Die Manipulateure können mit ihren Opfern machen, was immer sie wollen – und wie es aussieht, werden viele seelisch kranke Menschen sogar zu den schlimmsten Verbrechen getrieben: zu Raub, Vergewaltigung, Erpressung und Mord. Vermutlich dienen diese Schandtaten noch immer dem Profit der Drahtzieher hinter den Kulissen – aber zuletzt scheint alles in Anarchie zu enden.

*Wenn das Millennium einsetzt,*
*das auf das Millennium folgt:*
*Werden Augen und Seele des Menschen*
*versklavt sein.*
*Der Mensch wird sein gleich einem Trunkenen,*
*der hilflos durch die Gassen taumelt.*
*Trügerische Spiegelungen*
*wird er mit der Wahrheit verwechseln.*
*Andere werden das mit ihm tun,*
*was mit Schafen getan wird,*
*die der Metzger zur Schlachtbank treibt.*

*Schon bald werden diese menschlichen Raubtiere*
*aus den Wäldern brechen*
*und werden über die Erblindeten herfallen.*
*Wie Raubvögel werden sie sein,*
*welche die hilflosen Rudel jagen*
*und sie wie im Spiel in die Schluchten treiben.*
*Einen Hilflosen hetzen sie gegen den anderen.*
*Dann häuten sie die wehrlosen Schafe,*
*um ihr Fell und ihr Fleisch zu rauben.*
*Der Mensch, der dennoch überlebt,*
*wird keine Seele mehr besitzen.*

Hier beleuchtet der Tempelritter das oben geschilderte Geschehen aus einer etwas anderen Warte. Wieder spricht er zunächst von der geistigen Versklavung der Menschheit durch „trügerische Spiegelungen", und danach schildert er mit mittelalterlichen Sprachbildern, was die Sklavenhalter des dritten Jahrtausends, die abgrundtief bösen Experten der Massenmanipulation, mit ihren wehrlosen und verstörten Opfern anstellen: Sie rauben den Menschen das Letzte; behandeln sie wie Schafe, die man zur Schlachtbank treibt.

***

Der Mönch und Visionär Hepidanus, der im späten elften Jahrhundert im Kloster von St. Gallen (Schweiz) lebte, äußerte sich in einer seiner Weissagungen ähnlich wie Johannes von Jerusalem:

*Wehe dem, der in jener furchtbaren, aber großen Zeit lebend, seinen Standpunkt versetzt und, geblendet durch das Gaukelspiel trügerischer Dämonen, sich auf Abwege begibt, die ihm selbst, seinem Volk und Geschlecht verderbenbringend werden.*

*Denn es werden in jenen Tagen des Zweifels und des Unglaubens falsche Propheten aufstehen und mit gleißender Stimme ihr Gift feilbieten und jene elendig zugrunde richten, die, leichtgläubig und von einseitigen Vorurteilen befangen, ihnen Glauben schenken.*

Als „furchtbar, aber groß" beschreibt Hepidanus die Zeit, auf die sich seine Weissagung bezieht: die größenwahnsinnige Epoche der Moderne und Postmoderne, die mit zwei fürchterlichen Weltkriegen begann und dann eine globalisierte Weltgesellschaft hervorbrachte; ein System, das so groß ist wie nie zuvor eines auf Erden.

In dieser Zeit tauchen dieselben „trügerischen Dämonen" auf wie in den Prophezeiungen des Tempelritters; „Dämonen", welche die Menschen ins Verderben führen. Als der erste dieser „Dämonen" kann der Propagandaminister Joseph Goebbels der Hitler-Diktatur bezeichnet werden; die „Dämonen", die nach ihm kommen werden, sind die verbrecherischen Medien, von denen auch Johannes von Jerusalem spricht. Und diese globalisierte „Dämonenherrschaft" richtet die Staaten und Gesellschaften der Postmoderne zugrunde.

*** 

Eine Passage in den Weissagungen des lothringischen Kriegsgefangenen, die 1914 von dem oberbayerischen Schreinermeister Andreas Rill aufgeschrieben wurden, könnte ebenfalls mit der krimineller Medienmacht und ihren Hintermännern zu tun haben. Die Prophezeiung lautet:

*Da hat er* (der weissagende Gefangene; Anm. d. A.) *immer wieder betont* (eindringlich gesprochen; Anm. d. A.) *von den dunklen Männern, die dieses Unheil bringen sollen. Und die sind in* der ganzen Welt verteilt, an der Zahl sieben. (…) Die Menschen werden immer wieder ins Unglück getrieben und schlechter. Und alles will nur Ware und Besitz haben.

Zu diesen Sätzen muß angemerkt werden, daß Andreas Rill nur Volksschulbildung besaß und sich in seinen Briefen oft reichlich unbeholfen ausdrückte. Doch die Aussagen sind mehr oder weniger klar: Es existieren nach den Worten des Lothringers Dunkelmänner, die global und verdeckt agieren. Diese Männer treiben die Menschheit ins Unglück und sorgen für einen Werteverlust unter den Völkern. Und die Triebfeder all dessen ist hemmungslose Profitgier.

*** 

Und schließlich warnte der argentinische Paranormale Benjamin Solari Parravicini gegen Ende der dreißiger Jahre des zwanzigsten Jahrhunderts:

Die Welt wird vollständig in den Händen einer Idee sein, welche sie zerstören wird. Atheismus im Triumph.

Das Böse kommt auf die Erde. (…) Neue Waffen, neue Charaktere, neue Empfindlichkeiten, Geschlechter in neuer Beziehung zueinander, neue Musik, neue Drogen und dämonische Charaktere.

An all dem Neuen, das Parravicini nennt, erkennen wir die Gegenwart – und die neuen „Drogen", die er am Ende im Zusammenhang mit den „dämonischen Charakteren" erwähnt, könnten die „Drogen" einer alles beherrschenden und absolut skrupellosen Medienmacht sein, deren erzböses Handeln Johannes von Jerusalem mit so erschreckenden Worten geschildert hat.

Teilweise erleben wir das, was die verschiedenen Visionäre erschauten, bereits jetzt – und wenn sich die Warnungen der Seher in vollem Umfang bewahrheiten, dann droht der Menschheit eine nie zuvor dagewesene Art der Sklaverei.

Doch das müßte noch nicht einmal die schlimmste Auswirkung einer nicht mehr einzudämmenden und immer noch weiter ausufernden Weltwirtschaftskrise sein. Denn die globale Krise könnte im äußersten Fall sogar zu einem Dritten Weltkrieg führen, und mit dieser Gefahr und den entsprechenden Weissagungen der Propheten wollen wir uns nun abschließend beschäftigen.

Siebtes Kapitel

# Im Extremfall könnte sich aus der Globalkrise ein Dritter Weltkrieg entwickeln

Einige der Prophezeiungen, die im ersten und fünften Kapitel dieses Buches vorgestellt wurden, besagen, daß es infolge der Weltwirtschaftskrise zu inneren Unruhen bis hin zu Bürgerkriegen in verschiedenen EU-Ländern kommen wird. Eine der Ursachen für eine solche Entwicklung wäre wohl das krisenbedingte Versagen der Politik im Sozialbereich; ein anderer Grund könnte in einer schweren Entsolidarisierung der Gesellschaft liegen, wie sie in starken Ansätzen bereits heutzutage in vielen Bereichen zu beobachten ist. Falls sich die Wirtschaftskrise weiter verschlimmern würde, so daß breite Gesellschaftsschichten in eine soziale Notsituation gerieten, könnte sich die Gewaltbereitschaft vieler Menschen dadurch noch deutlich steigern – und das wiederum könnte den Ausbruch von Bürgerkriegen in der westlichen Welt nach sich ziehen.

Sofern die NATO-Staaten aber durch derartige anarchische Zustände destabilisiert und geschwächt würden, könnte dies zu einer noch sehr viel schlimmeren bewaffneten Eskalation führen. Die westlichen Industriestaaten sind nämlich in zahlreichen anderen Teilen der Erde gründlich verhaßt: wegen der aggressiven, neokapitalistischen Ausbeutung sogenannter Drittländer, wie sie seit Jahrzehnten skrupellos praktiziert wird; wegen der Golfkriege, welche die beiden US-Präsidenten Bush vom Zaun brachen; wegen der Hunderttausenden von Hungertoten in Afrika und Asien, die mittlerweile zu Opfern der von westlichen

Finanzhaien ausgelösten Wirtschaftskrise wurden; wegen des längst verunglückten Kriegseinsatzes von NATO-Truppen in Afghanistan, der immer wieder grauenhafte „Kollateralschäden" unter Zivilisten kostet; wegen der einseitigen Nahost-Politik insbesondere der USA, die zu einer humanitären Katastrophe bei den ohnehin schon weitgehend entrechteten Palästinensern führte; wegen der ständigen „demokratischen" Bevormundung, welche die islamische Welt durch den ach so überlegenen Westen erfährt; schließlich wegen des quälenden Unterlegenheitsgefühls, das Millionen ehemaliger Kommunisten vor allem in Rußland seit dem Sieg des westlichen Kapitalismus über das marxistische System empfinden.

All dies und noch vieles mehr hat in den vergangenen Jahren und Jahrzehnten enormen Haß auf die westlichen Industriestaaten mit ihrer zutiefst egoistischen neokapitalistischen Ideologie erzeugt. Und wenn die NATO-Länder im Inneren durch Bürgerkriege infolge eines wirtschaftlichen Zusammenbruchs erschüttert würden, dann könnte dies die Feinde des Westens durchaus dazu verlocken, einen breitangelegten militärischen Angriff auf Europa und Nordamerika zu unternehmen.

Dies aber würde unweigerlich den Ausbruch eines Dritten Weltkrieges bedeuten und mit an Sicherheit grenzender Wahrscheinlichkeit eine Globalkatastrophe nach sich ziehen – und genau das wurde von einer ganzen Reihe von Visionären auch vorhergesagt.

Die Seher haben für den Beginn des dritten Jahrtausends sowohl Bruderkriege in den EU-Staaten und in den USA als auch einen Dritten Weltkrieg prophezeit, und die erschütternden Weissagungen, die nun auf den folgenden Seiten vorgestellt werden sollen, lassen an Deutlichkeit nichts zu wünschen übrig.

Die 1951 verstorbene Visionärin Katharina aus dem Ötztal in Tirol erlebte diese erschreckende Schauung:

*Die Not wird groß und größer. Und man sagt zueinander: „Es kann nicht mehr gehen, es geht nimmer." Und es geht doch noch weiter. Es geht viel länger abwärts, als die Leute zuerst meinten. Dann plötzlich bricht's.*

*Die Leute sind auf dem Feld, es ist Spätsommer, das Korn ist schon reif.*

*Da kommen sie, ganze Horden schiacher* (häßlicher; Anm. d. A.) *Leute, und überfallen alles. Sie bringen um, was sie erwischen – es ist furchtbar! Die Haustüren werden eingeschlagen und alles kaputt gemacht. Sie morden und rauben, und sogar Einheimische aus dem Dorf laufen mit jenen und plündern genauso. Kinder, ihr müßt auf den Berg fliehen. Dort müßt ihr euch vorher etwas zum Essen verstecken und etwas zum Schlafen herrichten. Auf den Berg gehen diese plündernden Horden nicht hinauf. (…)*

*Ich sehe irgendwo eine Kirche, gesteckt voll betender Leute. Plötzlich kommen diese schiachen Leute in roten Fetzen und sperren die Kirchentüren zu und bringen die in der Kirche alle um. Es kommt eine schreckliche Zeit. Ich sehe die Weiberleute alle in Schwarz und am Friedhof Haufen an Haufen* (Grabhügel an Grabhügel; Anm. d. A.). *Alte Männer werden am Kirchplatz von einem alten Pfarrer mit dem Allerheiligsten* (einer Hostienmonstranz; Anm. d. A.) *gesegnet, und sie gehen zu Fuß zum Tal hinaus und kämpfen draußen, gar nicht weit weg, nur mit Messern und einfachen Waffen, Mann gegen Mann. (…)*

*Vom hinteren Ötztal werden Verwundete auf Leiterwägen herausgebracht. Auf den Feldern bleibt noch Heu und Getreide stehen. Es bringt's fast niemand mehr ein, es bleiben so wenig Leute übrig.*

*Nachher steigt nur noch da und dort ein Rauch aus einem Kamin auf, und viele Häuser stehen leer. (…)*

Ganz eindeutig schildert die Seherin hier einen Bürgerkrieg, der im Ötztal (und sicher auch anderswo) tobt.

\*\*\*

Der Bauer aus dem Waldviertel hatte mehrere Visionen über Bruderkriege in Süd- und Westeuropa sowie Greueltaten in seiner österreichischen Heimat:

*Ich wußte zwar nichts Genaues von einem Bürgerkrieg in Italien und Frankreich, dafür aber von einer erdrückenden Bedrohung aus diesen Ländern gegenüber dem deutschen Sprachraum.*
*Einmal nahm ich wahr, daß wir den Erdbunker bauten. Manche Gespräche, die wir dabei geführt haben, merkte ich mir lange Zeit genau. Ich sagte mir dazu wörtlich: So ein Unsinn, es ist doch Frieden, wie kann man da so einen Bunker bauen?*

*In S-SSO-Richtung, in bewaldeter, leicht bergiger Gegend bei oder in einem eher verfallenen Haus, sah ich im Zusammenhang mit anderen miesen kleinen Greueln folgende Szene: Ein Mann, etwas dunkler Haarfarbe, mittleren Alters, war mittels eines Strickes, mit dem Rücken in Richtung Westen, an eine Säule oder ähnliches gefesselt. Zwei etwas jüngere Männer gingen vor ihm umher und sprachen mir nicht Verständliches. Es herrschte eine gespannte, unfreundliche Atmosphäre. Mir schien es, als wollten sie ihn erpressen. Der Mann rührte sich aber nicht. Sie quälten ihn auch mit einem Messer oder ähnlichem. Der Mann blieb stumm. Da ging der Mann mit dem etwas längeren blonden Haar auf ihn zu, erschoß ihn, drehte sich um und ging. Es waren nur Menschen europäischen Typs zu sehen.*

In der ersten Schauung erwähnt der Prophet Bürgerkriege in Italien und Frankreich. Und wie es aussieht, werden diese sich später auch auf den deutschen Sprachraum ausweiten: auf Südtirol, Luxemburg, die Schweiz, Österreich und die Bundesrepublik Deutschland.

Der schützende Erdbunker, von dem der Bauer spricht, wird offenbar zunächst vorsorglich errichtet.

In der zweiten Vision schließlich schildert der Bauer vermutlich eine Mordszene, die sich im Rahmen anderer blutiger Ereignisse irgendwo in Österreich ereignet.

\*\*\*

Der norwegische Eismeerfischer Anton Johansson sagte vorher:

*Es kommt zu Bürgerkriegen in Schweden, Frankreich und Rußland.*
*Auch in Wales sind bürgerkriegsähnliche Unruhen zu beklagen.*

*In einem Bürgerkrieg kämpfen Deutsche gegen Deutsche.*

*In Großbritannien bricht eine Revolution aus, die sehr blutig verläuft und bedeutend mehr Opfer fordert als der etwa zur gleichen Zeit in Deutschland stattfindende Bürgerkrieg.*

*Der Volksaufstand, der auf der britischen Insel begann, weitet sich schnell nach Irland aus.*

*Auch im Süden von Wales, wo es bereits vor dem Dritten Weltkrieg zu Unruhen kam, herrscht jetzt Bürgerkrieg, der zahlreiche Tote kostet.*

Wenn in Schweden, Frankreich, Rußland, Deutschland und Wales Bürgerkriege ausbrechen, dann heißt das, daß sich die

Gewalt wie ein Flächenbrand über den ganzen europäischen Kontinent ausbreitet.

Am Beispiel von Wales, Großbritannien und Irland stellt der Prophet die Entwicklung der blutigen Eskalationen genauer dar.

Es beginnt mit bürgerkriegsähnlichen Unruhen in Wales und einem revolutionären Aufbäumen der Bevölkerung gegen den Staat in Großbritannien. Danach greift der Volksaufstand von Britannien aus auch auf Irland über, und die wilden Unruhen in Wales eskalieren zum Bürgerkrieg.

Über die Ursachen der Revolutionen, welche die Bürgerkriege einläuten, sagt der skandinavische Visionär nichts – aber man kann es sich leicht denken, worin die Gründe für die massenhafte Gewaltbereitschaft der Menschen liegen: in durchaus berechtigter Wut über die grausamen sozialen Verwerfungen und Ungerechtigkeiten, welche das neokapitalistische System, von den Regierungen noch unterstützt, in den westlichen Gesellschaften anrichtete.

*** 

Beim Mühlhiasl heißt es, wohl ebenfalls auf eine revolutionäre Situation bezogen:

*Die Kleinen werden groß und die Großen klein,*
*und da wird es sich erweisen,*
*daß der Bettelmann, wenn er aufs Roß kommt,*
*nicht zu derreiten ist.*

Die „Kleinen" sind sicher diejenigen, die von den „Großen" – den Konzernmanagern, den betrügerischen Finanzhaien und den Politikern, welche das inhumane neokapitalistische System unterstützten – brutal über den Tisch gezogen und bis aufs Blut gereizt wurden.

Jetzt kommen diese „Kleinen", die durch einen wirtschaftlichen Zusammenbruch zu „Bettelleuten" geworden sind, „aufs Roß", was bedeutet: Sie ergreifen in einer Revolution die Macht.

Und dann sind sie nicht mehr „zu derreiten" (nicht mehr zu bändigen), weil sich ihr wilder Zorn hemmungslos Bahn bricht.

\*\*\*

Detaillierte Bilder von einem mörderischen Volksaufstand in Rom erschaute der österreichische Paranormale Franz Kugelbeer:

*Mord in Rom. Drei bis vier Meter hohe Berge von Leichen von Geistlichen und Bürgern.*

*Der Papst flieht mit zwei Kirchenfürsten auf Nebenstraßen zu einer alten Kutsche und in ihr über Genua in die Schweiz.*

Diese Prophezeiung stammt aus dem Jahr 1922, als es in ländlichen Gegenden praktisch noch keine Autos gab.

Deshalb, weil er keine PKWs kannte, spricht der Bauer vermutlich auch von einer „alten Kutsche".

Und was seine sonstigen Aussagen angeht, so zeigen sie, daß die revolutionäre Wut des Volkes keine Grenzen mehr kennt und auch vor dem Vatikan nicht haltmacht: vor dem Papstsitz, der ja ebenfalls Zentrum eines sehr umstrittenen Finanzimperiums ist.

Etwas ganz Ähnliches sagte auch der süddeutsche Paranormale Alois Irlmaier vorher:

*Im Stiefelland* (Italien; Anm. d. A.)
*bricht eine Revolution aus.*

*Ich glaube, es ist ein Religionskrieg,*
*weil sie alle Geistlichen umbringen.*

*Viele Kirchen stürzen ein.*
*Ich sehe Priester mit weißen Haaren,*
*die tot am Boden liegen.*

*Hinter dem Papst ist ein blutiges Messer*
*und tote Priester mit weißen Haaren.*

*Der Papst flieht nach Südosten*
*oder über das große Wasser.*

*In Rußland bricht ein Bürgerkrieg aus.*
*Die Leichen sind so viel,*
*daß man sie nicht mehr wegbringen kann*
*von den Straßen.*

*Die Großen unter den Parteiführern bringen sich um.*
*Im Blut wird die lange Schuld abgewaschen.*

Arlois Irlmaier erkennt nicht genau, wohin der enthronte Papst flieht. Falls die Flucht über das „große Wasser" (den Atlantik) nach Amerika ginge, dann könnte die Schweiz, wie in der Prophezeiung von Franz Kugelbeer vorhergesagt, eine Zwischenstation sein.

Und was die „lange Schuld" in Rußland betrifft, so spricht Irlmaier wohl die jahrzehntelange „kommunistische" Diktatur sowie die neokapitalistische Ära danach an.

***

In den Weissagungen von La Salette finden sich die folgenden Sätze:

*Frankreich, Italien, Spanien und England werden im Krieg sein. Das Blut wird auf den Straßen fließen. Der Franzose wird mit dem Franzosen kämpfen, der Italiener mit dem Italiener. (…)*

*Man wird sich töten, man wird sich gegenseitig morden, bis in die Häuser hinein.*

Dieser Schilderung von grausamen Bürgerkriegen in verschiedenen europäischen Ländern ist wirklich nichts mehr hinzuzufügen.

***

Und in den Prophezeiungen von Lourdes, welche der katholischen Madonna zugeschrieben werden, heißt es mit ähnlicher Deutlichkeit:

*Es wird aber der Bruder den Bruder in den Tod liefern und der Vater das Kind, und die Kinder werden sich erheben gegen die Eltern und sie in den Tod bringen.*

Soweit die Weissagungen über Revolutionen und Bürgerkriege in Europa, die infolge der Wirtschaftskrise und der kriminellen Machenschaften eines entfesselten Neokapitalismus losbrechen könnten.

Doch diese Gewaltexzesse sollen nach den Worten der Propheten nur die Vorstufe zu einem noch sehr viel schlimmeren Desaster sein: zu einem Dritten Weltkrieg, über dessen Ausbruch und Verlauf eine Fülle von Schauungen existieren.

\*\*\*

Alois Irlmaier sagte dazu in den fünfziger Jahren des zwanzigsten Jahrhunderts vorher:

*Von Sonnenaufgang kommt der Krieg,*
*und es geht sehr schnell.*

*Die Bauern sitzen beim Kartenspielen im Wirtshaus.*
*Da schauen die fremden Soldaten*
*bei den Fenstern und Türen herein.*

*Ganz schwarz kommt eine Heersäule von Osten,*
*ganz schwarz kommt es über den Wald herein.*

*Es geht in drei großen Linien westwärts.*
*Drei Heersäulen streben zum Rhein.*

*Von der Goldenen Stadt geht es aus.*

*Der erste Wurm geht vom blauen Wasser*
*nordwestlich bis an die Schweizer Grenze.*

*Der zweite Stoßkeil geht von Sachsen aus nach Westen.*
*Der dritte von Nordosten nach Südosten.*

*Bis Regensburg steht keine Brücke mehr über die Donau.*
*Südlich vom blauen Wasser kommen sie nicht.*

Die Feuerzungen fliegen unermeßlich weit
nach Nordwesten, nach Westen und Süden.

Ich sehe sie wie Kometenschweife.
Tag und Nacht rennen sie unaufhaltsam.
Ihr Ziel ist das Ruhrgebiet.

Ich sehe die Erde wie eine Kugel vor mir,
auf der nun die weißen Tauben heranfliegen.

Aus dem Sand steigen sie auf,
so viele, daß ich sie nicht zählen kann.

Eine klare Nacht wird es sein,
wenn sie zu werfen anfangen.

Es regnet einen gelben Staub in einer Linie.

Die Goldene Stadt wird vernichtet, da fängt es an.

Wie ein gelber Strich geht es hinauf
bis zur Stadt in der Bucht.

Wo es hinfällt, lebt nichts mehr.
Kein Mensch und kein Tier;
die Pflanzen werden welk und schwarz.

Die Panzer rollen noch, aber die Fahrer sind schon tot.
Sie sind ganz schwarz geworden.

Die Häuser stehen noch.
Was das ist, weiß ich nicht und kann es nicht sagen.

*Es ist ein langer Strich. Wer darüber geht, stirbt.*
*Die herüben sind, können nicht hinüber,*
*und die drüben nicht herüber.*
*Dann bricht bei den Heersäulen herüben alles zusammen.*
*Sie müssen alle nach Norden.*
*Was sie bei sich haben, schmeißen sie alles weg.*
*Heim kommt keiner mehr von den drei Heereszügen.*
*Während oder am Ende des Krieges*
*sehe ich am Himmel ein Zeichen.*

*Finster wird es werden an einem Tag unterm Krieg.*
*Während des Krieges kommt die große Finsternis,*
*die zweiundsiebzig Stunden dauert.*

*Welche Jahreszeit es ist?*
*Trüb, regnerisch und Schnee durcheinander,*
*vielleicht Tauwetter.*

*Auf den Bergen ist Schnee, gelb schaut es aus.*
*Herunten ist es schneefrei.*

*Dann bricht ein Hagelschlag aus mit Blitz und Donner,*
*und ein Erdbeben schüttelt die Erde.*

*Aufs Hauptquartier schmeißen sie was runter.*
*Nahe beim Hauptquartier sehe ich eine Kirche.*

*Der Altar schaut nicht nach Osten, sondern nach Norden.*
*Die Kirche sehe ich brennen.*

*Die Flieger werfen ihre kleinen, schwarzen Kästchen ab.*
*Sie explodieren, bevor sie den Boden berühren.*

Ein Jahr lang darf kein Lebewesen
dieses Gebiet mehr betreten,
ohne sich größter Lebensgefahr auszusetzen.
Es sterben sehr viele Menschen.
Nach zweiundsiebzig Stunden ist alles wieder vorbei.

Die Flüsse werden so wenig Wasser haben,
daß man leicht durchgehen kann.
Das Vieh fällt um. Das Gras wird gelb und dürr.
Die toten Menschen werden ganz gelb und schwarz.

Der Wind treibt die Todeswolken nach Osten ab.

Am Rhein sehe ich einen Halbmond,
der alles verschlingen will.
Die Hörner der Sichel wollen sich schließen.
Was das bedeutet, weiß ich nicht.

Die Inseln vor der Küste gehen unter,
weil das Wasser ganz wild ist.

Da hebt sich das Wasser wie ein einziges Stück turmhoch
und fällt wieder herunter.

Ich sehe große Löcher im Meer.
Die fallen dann wieder zu,
wenn die riesigen Wellen zurückkommen.

Es gibt ein Erdbeben,
und die große Insel wird zur Hälfte versinken.

Drei Städte sehe ich untergehen.

*Die schöne Stadt am blauen Meer*
*versinkt fast ganz im Meer und im Schmutz*
*und Sand, den das Meer herauswirft.*
*Ein Teil Englands verschwindet,*
*wenn das Ding ins Meer fällt,*
*das der Flieger hineinschmeißt.*
*Dann hebt sich das Wasser wie ein festes Stück*
*und fällt wieder zurück.*
*Was das ist, weiß ich nicht.*

*Eine große Stadt*
*wird durch Raketengeschosse vernichtet werden.*

*Paris wird zerstört. Die eigenen Leute zünden es an.*

*Nach der Katastrophe werden mehr Menschen tot sein*
*als in den zwei Weltkriegen zusammen.*

Alois Irlmaier beschreibt zunächst einen gewaltigen militärischen Angriff auf Mitteleuropa, der von Osten aus (von Sonnenaufgang) erfolgt, wobei die „Goldene Stadt" Prag entweder die genaue Angriffsrichtung oder das Zentrum des feindlichen Aufmarschgebietes markiert. Nach anderen Interpretationen könnte mit der „Goldenen Stadt" aber auch Istanbul gemeint sein, das am Goldenen Horn liegt: einer Bucht des Bosporus. Auf jeden Fall stoßen die drei Angriffskeile zum Rhein vor, und es toben dabei Raketenschlachten, was Irlmaier durch die „Feuerzungen" ausdrückt, die wie „Kometenschweife" aussehen.
Dann jedoch steigen die „weißen Tauben" aus dem „Sand" auf: vermutlich riesige Verbände von Kampfflugzeugen, die aus einer Wüste im Süden kommen. Diese Flugzeuggeschwader werfen wohl einen chemischen Kampfstoff ab und ziehen dadurch eine

tödliche Linie durch Europa; entweder von Istanbul oder von Prag bis hinauf zur „Stadt in der Bucht", worunter wahrscheinlich eine Ostseestadt zu verstehen ist.

Durch den Einsatz dieser schier apokalyptischen Chemiewaffe werden die Armeen der Aggressoren von ihren Nachschubeinheiten abgeschnitten und können auf diese Weise geschlagen werden. Die Überlebenden fliehen nach Norden; dort aber, wo die fürchterliche Massenvernichtungswaffe eingesetzt wurde, bleiben nicht nur die Toten zurück, sondern auch die Natur ist aufs schwerste geschädigt.

Im Verlauf des Krieges kommt es zu einer dreitägigen Finsternis. Möglicherweise geschieht dies, weil in europäischen oder außereuropäischen Ländern, die Irlmaier in seiner Schauung nicht erblickte, massenhaft Nuklearwaffen gezündet werden. Durch solch gigantische Explosionen würden Unmengen von Staub in die Atmosphäre geschleudert, und die Folge könnte eine tagelange Finsternis sein.

Anschließend spricht Irlmaier dezidiert von Bombenabwürfen, und die Regionen, wo diese seltsamen „schwarzen Kästchen" detonieren, sind danach für ein ganzes Jahr verseucht: vielleicht biologisch, vielleicht chemisch, vielleicht atomar. Megaexplosionen ereignen sich auch vor den europäischen Küsten, und es sieht so aus, als würde besonders Großbritannien („die große Insel") mit seiner Hauptstadt London entsetzlich unter ihnen leiden.

Paris wird zerstört; ebenso eine „schöne Stadt am blauen Meer", vermutlich eine Küstenstadt am Mittelmeer.

Und zuletzt sagt der Seher, wahrscheinlich auf Europa bezogen, daß in diesem Dritten Weltkrieg mehr Menschen umkommen werden als in den beiden vorangegangenen Weltkriegen – und das bedeutet: unvorstellbar viele Todesopfer, denn in den Weltkriegen des zwanzigsten Jahrhunderts starben rund zweiundsiebzig Millionen Soldaten und Zivilisten.

\*\*\*

Aus einem anderen Blickwinkel als dem von Irlmaier schilderte auch der Eismeerfischer Johansson einen globalen Krieg im einundzwanzigsten Jahrhundert. Und Anton Johanssons Aussagen sind so klar und unmißverständlich, daß es sich erübrigt, sie zu kommentieren:

*Rußland wird einen Teil seines Territoriums an China verlieren.*

*China führt auch gegen Indien Krieg und wird zuletzt weite Landstriche des Subkontinents kontrollieren. Vor allem die Region um Delhi leidet furchtbar; etwa 25 Millionen Menschen werden dort durch biologische Waffen getötet werden.*

*Der Bakterienkrieg löst außerdem entsetzliche, bislang nicht bekannte Seuchen anderswo aus.*

*Rußland unternimmt einen Angriff auf Skandinavien.*
*Er erfolgt von Archangelsk aus über das Nordkap.*

*Einige Monate vor dem russischen Überfall auf Skandinavien verwüstet ein entsetzlicher Orkan große Teile Nordeuropas.*

*Der Angriff selbst erfolgt im Sommer; zu einer Jahreszeit, da in den Gebirgen Norwegens noch kein Schnee gefallen ist.*

*In Schweden ist in diesem Jahr eine sozialistische Regierung an der Macht.*

Persien und die Türkei werden von den Russen erobert; es geht bei diesem Krieg vor allem um die Ölvorkommen im Mittleren Osten.

Russische Armeen stoßen auf den Balkan vor, und die Länder dort werden verheerend geschlagen.

Auch in Italien bricht nun ein Krieg aus. Gleichzeitig kommt es dort zu schweren Naturkatastrophen, so daß Abermillionen Menschen obdachlos werden.

Ein Angriff aus Osten, wobei die Armeen zunächst Ungarn, Österreich, Norditalien und die Schweiz überrennen, richtet sich mit der Gewalt einer Sturmflut gegen Frankreich. Ein weiterer militärischer Vorstoß der Östlichen zielt auf Spanien.

Frankreich wird von innen und außen erobert. Die Massenvernichtungswaffen, die in den Bunkern des Landes gelagert sind, fallen in die Hände der Aggressoren, die in Frankreich für einige Zeit eine Militärregierung installieren.

Von französischem Boden aus führen die Eroberer Krieg gegen England, Spanien und Skandinavien.

Unter dem Druck der Angreifer aus Osten attackiert Frankreich den europäischen Norden. Schweden und Norwegen werden überrannt. Französische Truppen erobern Göteborg.

Die genannten skandinavischen Länder werden gezwungen, große Territorien im Norden an Rußland abzutreten.

Ein militärischer Überfall auf Finnland führt zur Auflösung dieses Staates.

*Zur selben Zeit erfolgt von Osten her ein Angriff auf Deutschland.*

*Ähnlich wie Polen und andere ehemals kommunistische Länder Osteuropas kann aber auch Deutschland sich wieder von der Herrschaft der Aggressoren befreien.*
*Jenseits des Atlantiks kommt es zwischen den USA und Kanada zu einem militärischen Konflikt. Auslöser ist ein russischer Angriff auf Alaska und Kanada über die Beringstraße. Dadurch werden die Vereinigten Staaten daran gehindert, auf dem europäischen Kriegsschauplatz einzugreifen.*

*Neue Waffen, wie kein Mensch sie je gesehen hat, richten in den USA fürchterliche Verheerungen an.*

*Zudem kommt es dort zu entsetzlichen Orkanen und Brandkatastrophen. Die größten Städte des Landes gehen unter.*

*Einer dieser um den halben Globus rasenden Orkane tobt zweimal – zuerst in nördlicher, dann in nordöstlicher Richtung – über die USA und erreicht anschließend Europa. Im Mittelmeerraum richtet er immense Verwüstungen an, ehe er sich in den Weiten Osteuropas verliert.*

*Danach wüten die Menschenmassen der Vereinigten Staaten in zwei Bürgerkriegen gegeneinander.*

*Die USA zerfallen in vier oder fünf einander feindlich gesonnene Territorien.*

*Während des Dritten Weltkrieges und auch später noch leiden Abermillionen Menschen unter bis dahin völlig unbekannten Krankheiten. Die Seuchen rufen unter anderem schreckliche Atemnot,*

*Erblindung, Geisteskrankheiten und einen langsamen Zerfall des Körpers hervor.*

*Jeder vierte Mensch auf dem Planeten hat nach dem Dritten Weltkrieg sein Leben verloren.*

Soweit der norwegische Prophet, der bereits  den Verlauf der beiden ersten Weltkriege sehr präzise vorhersagte – und nun wollen wir uns einmal mehr dem britannischen Druiden Merlin zuwenden, denn er nannte den tiefsten Grund für die Vernichtung der USA und der westlichen Industriestaaten.

\*\*\*

In seiner Drachenprophezeiung schildert Merlin den Kampf zwischen einem roten und einem weißen Drachen im Verlauf der Jahrhunderte bis herauf ins dritte Jahrtausend. Der rote Drache steht dabei für das Gute, der weiße Drache für das Böse.
In einer der letzten Weissagungssequenzen heißt es, daß sich ein Teil des roten Drachen in einen weißen Drachen verwandeln werde, und aus dem Kontext der Prophezeiung kann abgeleitet werden, wer dieser neuentstandene weiße Drache ist: die USA. Und dann sagt Merlin mit frappierender Treffsicherheit über die Vereinigten Staaten von Amerika, respektive über die US-Amerikaner:

*Sie werden vom Stachel ihrer Gier getötet werden.*

Die unersättliche, menschenverachtende und oft kriminelle Profitgier der Neokapitalisten ist es also, welche die USA (und die übrigen westlichen Industriestaaten) in die Katastrophe treibt: in einen Dritten Weltkrieg, der – global gesehen – nach den Worten des Eismeerfischers Milliarden von Menschenleben kosten wird. Und so wird aus der irrsinnigen Gier nach Dollar- und Euromilliarden milliardenfacher Tod erwachsen …

***

Dazu Johannes von Jerusalem:

*Wenn das Millennium einsetzt,*
*das auf das Millennium folgt:*
*Wird der Tod*
*wie wütender Donner über die Welt kommen.*
*Barbarei, Treulosigkeit und wilde Wut*
*treten die Herrschaft an.*

*Chaos beherrscht die Erde.*
*Haß rast wie Feuer durch einen dürren Forst.*
*Grausame Wut glüht in den Herzen aller.*
*Vernichtet werden die Städte der Erde.*

Es ist eine apokalyptische Vision, welche der Tempelritter von einem Dritten Weltkrieg hatte.

***

Sehr konkret hingegen beschreibt wiederum der Bauer aus dem Waldviertel die Schrecken eines Globalkrieges:

*Ein Konflikt auf dem Balkan und die Zerstörung New Yorks,*
*das ist der Anfang der kriegerischen Auseinandersetzungen.*

*Die Überschwemmungen im Mittelmeergebiet werden durch*
*A-Waffen-Zündungen in großer Höhe über die Adria, von*
*Norden beginnend, hervorgerufen. Die Erschütterungen sind*
*bei uns deutlich spürbar.*

Worum es bei dem Krieg in Südeuropa geht? Wer daran beteiligt ist? Es ist ein Gewirr. Der Krieg beginnt in der Nähe der Adria und endet in der Türkei. Dabei werden die ersten größeren A-Waffen eingesetzt. Auf den Feldern bei uns sah ich zu der Zeit kaum Vegetation. Die Menschen im übrigen Europa sagen sich da noch erleichtert: Na, Gott sei Dank nicht bei uns!

New York wird unerwartet bereits zu dieser Kriegszeit durch kleine Sprengsätze, die sehr nieder explodieren, zerstört. So entsteht der Eindruck, als würden die Häuser von einem heftigen Sturm weggeblasen.

Bei der Zerstörung New Yorks sah ich (...) Einzelheiten, die man mit dem Auge niemals wahrnehmen könnte. Es war auch die Lauffolge um ein Vielfaches langsamer. Ich sah diese Stadt in allen Einzelheiten. Da fiel ein dunkler Gegenstand auf einer sich stets krümmenden Bahn von oben herab. Gebannt starrte ich diesen Körper an, bis er barst.

Zuerst waren es Fetzen, dann lösten sich auch diese auf. In diesem Moment begriff ich noch immer nicht, was geschehen war. Der erste Sprengkörper explodierte einige Häuser weit hinter einem größeren, mit der Breitseite am Meer stehenden Haus, die anderen, vom Meer aus gesehen, etwas südlicher dahinter.

Die Häuser fielen nicht um oder in sich zusammen, sondern sie wurden meist als ganze, sich nur wenig neigend, vom Explosionsherd weggeschoben. Sie zerrieben sich dabei förmlich von unten her. Von vorne hatte es den Anschein, als würden sie näherkommend im Erdboden versinken. Im Explosionsherd sah ich nichts Feuerartiges. Es dürfte um die Mittagszeit (Ortszeit) sein.

In Österreich gibt es zu dieser Zeit noch keinen Krieg. Wie die Meldung von der Zerstörung im Rundfunk durchgegeben wurde, wollte

*ich gerade eine Kleinigkeit essen gehen. Bei uns ist etwa frühsom-*
*merliches Wetter. Überall wurde heftig und aufgeregt diskutiert.*
*Daß dies der Racheakt von Terroristen sei, hörte ich sagen. Sicher,*
*was die Amerikaner gemacht hätten, sei nicht schön gewesen. Daß*
*man aber deswegen gleich eine ganze Stadt zerstöre, gehe entschie-*
*den zu weit! So redeten die Leute.*

*Die Sterne fallen wie die Blätter – das bezieht sich auf ein Ereignis,*
*dessen Ursache ich nicht genau kenne, das sich aber nach eigenem*
*Erlebnis so beschreiben läßt: Ich stand bei schönem Wetter in unserem*
*Ort mit mehreren Leuten, die ich zum Teil erkannte. Wir schauten*
*etwas erwartend gegen den Himmel. Da schien sich die Sonne zu*
*verdunkeln. Alle glaubten, sie sähen die Sterne.*

*Dabei handelte es sich in Wirklichkeit um eine Art Glut – wie Mil-*
*lionen weißglühende herabfallende Leuchtkugeln – die, sich über*
*gelblich, dann rötlich färbend, im Osten beginnend zu Boden fiel.*
*Wo sie auftraf, verbrannte fast alles Brennbare. In der Reihenfolge:*
*Das Getreide, der Wald, Gras und viele Häuser.*
*Wir löschten, was wir konnten. Nachher schaute ich um mich: ich*
*sah, so weit ich blicken konnte, nur Rauch aufsteigen. Zu dieser Zeit*
*gab es bei uns noch kein Kriegsgeschehen.*

*Eine Einzelvision: Ich sah die Russen wieder hier einziehen; sie niste-*
*ten sich am Übungsplatz ein und verschanzten sich nachher auf den*
*östlich und südlich vorgelagerten Hügelketten. Sie erschienen mir*
*dabei außergewöhnlich hektisch und gereizt. Mir fielen bei ihnen*
*keine sonderlich neuen Waffen auf. An größere Kampfhandlungen*
*konnte ich mich bei uns nicht erinnern.*

*Später einmal standen wir bei Tage unruhig am Bunkereingang und*
*schauten aufgeregt in die Richtung, in der ich die Russen in Stellung*

*gehen sah. Es war die Richtung Langenlois-Krems. Es war von dort starker Kampflärm zu hören. Der Vormarsch schien da etwas ins Stocken geraten zu sein. Bei uns war noch nichts zerstört. Es folgten dann wiederholt länger dauernde Beschießungen mit konventionellen Waffen, bei denen viele, auch mir nahestehende Personen den Tod fanden. Einige hatte ich leider vergeblich vor bestimmten Gefahren gewarnt. Der Ahnung und den Reden entnehmend, gibt es im Kremser Raum viele Tote.*

*Bereits vor der Endschlacht wird es bei uns wegen der stets wechselnden Front kaum ein Haus geben. Diese findet am Beginn hauptsächlich zwischen den kommunistischen Verbänden und China, vorwiegend mit sehr beweglichen Panzern, in und um die ČSSR statt.*

*An den kometenhaften Aufstieg Chinas glaubte nicht nur ich nicht so recht. Deswegen zweifelte ich lange Zeit an der Identität der Menschen mit den vielen kleinen flinken Panzern, die den heutigen so überlegen sind wie ein Maschinengewehr einem Vorderlader. Daraufhin schaute ich mir alle Menschen asiatischer Herkunft sehr genau an.*

*Von diesen Panzern, von diesem mondfähreähnlichen Fluggerät, das ganz frei im Raum stehen kann, sowie von der Art, wie es Lenkwaffen zerstörte, erzählte ich bereits im Jahr 1967 Professor Hoffmann. Dieses mondfähreartige Gefährt war mit einer blitzeschleudernden Maschine ausgerüstet. Das ist die einzig wirklich überlegene Waffe des Westens. Sie bewahrt Deutschland vor der totalen Niederlage. Mit ihr können auch Lenkwaffen der zweiten Generation – impulsweise erfolgender Antrieb, Steuergerät versehen mit Zufallsgenerator; so entsteht ein völlig unlogischer Flug, wie er sonst nur Mücken eigen ist – sicher bekämpft werden.*

*Über den Kriegsverlauf kann ich viel bessere Auskünfte geben, nicht aber, wie China hineingezogen wird. Es könnte eventuell auf fremdem Territorium Partei ergreifen. Vor dem Ausbruch des großen Krieges hält die Linke einen Siegeszug, und es gibt Krieg im Osten Afrikas von Nord bis Süd.*

*Ich war mit einigen Leuten in einem aus Holz erbauten Erdbunker. (Es handelt sich sicherlich um denjenigen, den wir in größter Eile bereits vor Kriegsbeginn errichteten.) Es tobte eine riesige Panzerschlacht vom Raum Wien-Krems in Richtung Schrems-Gmünd. Ich hörte mich sagen: Jetzt geht das schon zum dritten Mal so, was soll da noch übrigbleiben? – Nachher gab es fürchterliche Kämpfe in der CSSR. Ich erkannte auch die mageren, haßerfüllten Gesichter der Angreifer.*

*Einige Zeit (…) später: Es dürfte Abend sein. Wir vernahmen im Bunker heftige Erdstöße und Explosionen aus WNW. Ich schaute vom Eingang in diese Richtung. Da war die Hölle los. Ich sah am Horizont in der Ferne im Rauch und Feuerschein der ununterbrochen erfolgenden Explosionen weißgelbe Lichtblitze. Ich sagte mir: Mein Gott, da möchte ich nicht sein. (Es dürfte sich um den Einsatz taktischer A-Waffen handeln.)*

*Da erfolgte eine gewaltige, kurze weißgelbe Explosion, deren Feuerpilz von W bis über WNW reichte. Gleich darauf schoß eine alles überragende, eruptionsähnliche, qualmende, schwarzrote Feuersäule empor. Hoch oben, sicherlich über der Atmosphäre, gab es noch gewaltige Feuerwirbel. Sie reichten von WNW bis fast N. Die Erde bebte. Ich wurde in den Eingang geschleudert und konnte wegen der Erschütterungen kaum Halt finden. Vielleicht wurde ich bewußtlos. Nachher verbrachten wir eine lange Zeit im Erdbunker. Es war fast nichts wahrzunehmen.*

*Später ging ich mühevoll in Richtung SSW. Die Orientierung fiel mir schwer; es gab kein Haus, keinen Baum, weder einen Strauch oder Halm. Alles war mit Trümmern und Felsbrocken übersät. Nicht einmal Ruinen fand ich, wo früher Häuser waren. Irgendwo sah ich einen schwächlichen alten Mann sitzen. Nachher sah ich so etwas wie einen Raumgleiter oder eine Lenkrakete; sie war von einem modernen Flugobjekt wahrscheinlich deutscher Nationalität abgeschossen worden.*

*Bei dem (...) Kampf in der ČSSR werden erstmals in sichtbarer Weite von unserem Ort in nordöstlicher Richtung massiert stärkste Nuklearwaffen eingesetzt. Es dürfte in der nördlichen ČSSR sein. Es ist zur späteren Abendzeit. Bis zum dunkelroten Feuerpilz gibt es viel Rauch. Erstmals bekommen viele Menschen wirklich Angst, der Erdball könnte das einfach nicht aushalten. (...) Der radioaktive Niederschlag dürfte in unserer Gegend nicht so stark sein wie beim letzten Einsatz.*

*Dieser Kampf wird hauptsächlich zwischen China und Rußland ausgetragen. Die Chinesen versuchen, die zurückweichenden Russen mit ihren Helfern in der ČSSR in die Zange zu nehmen, die Russen wollen das verhindern. Der Westen ist zu der Zeit so desolat, daß er nicht einmal den schon fliehenden Russen Widerstand entgegensetzen kann. Das muß er mit dem Krieg in eigenen Landen teuer bezahlen. Es werden dann gehäuft A-Waffen eingesetzt, ganze Berge weggesprengt, um die anderen zu erschlagen. Da kommt es in der westlichen ČSSR zum Platzen der Erdrinde. Der erste Auswurf wird bis hundert Kilometer oder weiter geschleudert.*

*Dabei kommt es zu dem von Irlmaier vorausgesagten Phänomen mit dem ‚Gekreuzigten'. Es ist der erste in der Stichflamme emporgeschleuderte, sich bewegende Auswurf. Dieses Bild ist unverkennbar ähnlich! Die dabei ausgestoßenen Gase bewirken die Finsternis und die Atemkrämpfe der ungeschützten Lebewesen.*

*Der Auswurf nimmt später das Bild eines alleinstehenden großen Birkenbaumes an. Das Verharren vor dem Wiederherunterfallen gleicht den Laubbüscheln. Auch ich sehe dieses Schauspiel, neben mir stehende Personen höre ich sagen: Wie ein Birkenbaum. Die erste riesige Explosion ist sicherlich von einer oberirdischen Massenzündung atomarer Sprengsätze, die zweite nicht. Es könnte eine geologische sein, oder vielleicht eine Massenzündung von A-Waffen in Böhmens Kohlebergwerken. Etwa nach der Parole der totalen Vernichtung.*

*Beim Platzen der Erdrinde kommt es zu einem Weltbeben, bei dem fast alles zerfällt, was zerfallen kann. Alle nachher noch lebenden Menschen stehen vor dem Nichts. Da kommen sie zur Besinnung. Wer es bis dahin nicht gelernt hat, sich in einer solchen Lage mit eigenen Händen zu helfen, ist verloren.*

*Diese Zeit kenne ich (...) meist aus der Sicht, wie ich sie selbst, mit dem eigenen Körper, erleben werde. Ich weiß deshalb genau, wie dieser Kampf endet, wie es nach dieser Katastrophe in Deutschland aussieht. Ich kämpfe da selbst auf Seite der Deutschen gegen die räuberischen Truppenreste und weiß, was mir alles zustößt.*

*Das Nächste: Wir kamen in ein wahrscheinlich südlicheres Gebiet – es gab schon wieder Sträucher, aber kaum Gras. Wir bauten uns davon Hütten, aber nicht mit hängendem Geflecht wie die der Eingeborenen tropischer Gebiete und die der Buschmänner (wasserabweisend), sondern mit querliegendem Geflecht. (Sicher gibt es zu der Zeit keinen Regen.) Uns waren dabei mehrere Personen. Anschließend machte ich Jagd auf Eßbares. Es waren vorwiegend Eidechsen oder ähnliche Tiere.*

Nach der letzten Aussage des Bauern aus dem Waldviertel werden die wenigen Überlebenden eines Dritten Weltkrieges also wieder in primitiven Hütten vegetieren und Kleintiere jagen, um ihren Hunger zu stillen – und auch andere Paranormale prophezeiten solche Zustände für die Zeit nach der  Globalkatastrophe.

***

So weissagte etwa der Bayerwaldprophet Mühlhiasl:

*Aber dann werden sie Steine zu Brot backen und*
*Brennesseln essen.*
*Man wird sagen: Ich habe Graswurzeln gegessen.*

*Im ganzen Wald wird kein Licht mehr brennen,*
*und das wird lange dauern.*
*Es wird erst vorbei sein, wenn kein Totenvogel mehr fliegt.*
*Danach sind wenig Leute. Zur Nacht zündet einer ein Licht an,*
*schaut, wo noch jemand eins hat.*

*Wer eine Kronwittstaude sieht, geht drauflos, ob`s nicht ein*
*Mensch ist.*

*Wenn man an der Donau und im Gäuboden*
*eine Kuh findet, muß man ihr eine silberne Glocke anhängen.*
*Einem Roß muß man ein goldenes*
*Hufeisen aufschlagen.*

*Im Wald drinnen krähen noch Gickerl.*

*Der Fuhrmann haut mit der Geißel auf die Erde und sagt:*
*Da hat die Straubinger Stadt gestanden.*
*Die wenigen, die übrigbleiben, werden sich*
*schutzsuchend aus der ganzen Umgebung*
*innerhalb der Windberger Klostermauer sammeln.*

Im Bayerischen Wald und im angrenzenden Donautal wird es nach den Worten des Mühlhiasl kaum noch Menschen und Großtiere geben.

\*\*\*

Bei Alois Irlmaier heißt es, wohl auf die Jahre und Jahrzehnte nach dem Dritten Weltkrieg bezogen:

*Die landlosen Leute ziehen jetzt dahin,*
*wo die Wüste entstanden ist.*
*Jeder kann siedeln, wo er mag,*
*und Land haben, soviel er bebauen kann.*
*Durch die Klimaänderung*
*wird bei uns wieder Wein angebaut.*
*Es werden Südfrüchte bei uns wachsen.*
*Es ist viel wärmer als jetzt.*

Irlmaiers Aussage über die „Wüste" ist etwas rätselhaft; vielleicht müssen die Menschen in steppenartigen Gebieten siedeln, weil die ehemaligen Kulturlandschaften atomar oder anderweitig verseucht sind. Später allerdings, wahrscheinlich viel später, kann in diesen Regionen wieder Landwirtschaft betrieben werden. Aber das Klima hat sich, vielleicht durch einen Polsprung infolge der Globalkatastrophe, geändert, so daß Mitteleuropa nun in einer subtropischen Zone liegt.

\*\*\*

Im Lied der Linde, einer gereimten Prophezeiung, die aus dem neunzehnten Jahrhundert stammen soll, steht geschrieben:

*Alle Städte werden totenstill,*
*auf dem Wiener Stephansplatz wächst Dill.*

124

*Zählst du alle Menschen auf der Welt,*
*wirst du finden, daß ein Drittel fehlt.*

*Was noch übrig, schau in jedes Land,*
*hat zur Hälft' verloren den Verstand.*
*Wie im Sturm ein steuerloses Schiff,*
*preisgegeben einem jeden Riff,*
*schwankt herum der Eintags-Herrscherschwarm,*
*macht die Bürger ärmer noch als arm.*

Die Aussagen der ersten drei Verse sind klar; im vierten Vers geht es offenbar darum, daß sich in einer anarchischen Situation irgendwelche dubiose Anführer zur Macht aufzuschwingen versuchen und sich dabei gegenseitig bekämpfen, wodurch die anderen Menschen noch mehr als ohnehin schon in Not und Verzweiflung gestürzt werden.

\*\*\*

So also könnte eine nie zuvor dagewesene, weltweite Kriegs- und Umweltkatastrophe enden. Und Auslöser eines derartigen apokalyptischen Desasters könnte die gegenwärtige Weltwirtschaftskrise sein, die von einem entfesselten und völlig verantwortungslosen Neokapitalismus verursacht wurde.

Die Gefahr, daß die Krise letztlich zu jenem Harmageddon führen könnte, welches die Visionäre geschildert haben, ist sehr groß. Doch noch kann ein globaler Kataklysmus, der Milliarden Tote kosten würde, vielleicht verhindert werden – und die Frage, wie dies geschehen müßte, soll nun im Nachwort dieses Buches behandelt werden.

# Nachwort

## Wie kann man sich als Bürger gegen den zerstörerischen Neokapitalismus wehren?

Die Empörung zahlloser Menschen über die unsäglichen Machenschaften von Konzernmanagern und Finanzhaien sowie über das Stillhalten der Politik im Hinblick auf die immer noch weitergehende Machtergreifung des Neokapitalismus, der aus der Krise offensichtlich keinerlei Lehren gezogen hat, ist riesig. Doch die sogenannten „kleinen Leute" wissen zumeist nicht, wie sie sich konkret gegen skrupellose Wirtschaftsbosse und fehlgeleitete Politiker wehren sollen – und das ist auch kein Wunder, denn vordergründig betrachtet, haben die Bürger kaum eine Chance, ihren Willen und ihre sehr berechtigten Anliegen mit dem nötigen Nachdruck kundzutun.

Die alle paar Jahre stattfindenden Wahlen erlauben dem „Stimmvieh" lediglich, sein Kreuzchen bei der einen oder anderen etablierten Partei zu machen; für Parteien zu stimmen, die für viele im Grunde allesamt nicht mehr wirklich wählbar sind, weil diese schwerfälligen Politorganisationen, wie die Praxis lehrt, vor den dringend notwendigen Schritten zurückschrecken und in ihrem bestens bekannten Polit-Blabla verharren. Infolgedessen wird abermillionenfach nach dem Prinzip des kleinsten Übels gewählt. Man sucht sich die Partei aus, von der man fast schon irrational hofft, daß sie es wenigstens ein bißchen besser als die anderen machen könnte – und das Resultat ist dann nach der Wahl stets das gleiche: In den Parlamenten wird im besten Fall so weitergewurstelt wie vorher, und im anderen Fall geht es in der neuen

Legislaturperiode politisch eher noch weiter bergab. Wahlen, die letztlich immer nur dem Fortbestand des Verkrusteten dienen, bieten also schon lange keine Chance mehr, echte, tiefgreifende und damit hilfreiche gesellschaftliche Veränderungen herbeizuführen. Dies haben viele Menschen auch längst gemerkt, so daß die Wahlverweigerung mittlerweile drastisch angestiegen ist und politische Willensäußerungen zahlloser Bürger nur noch an den Stammtischen sowie im Familien- oder Freundeskreis stattfinden. Genau dieses Bürgerverhalten – entweder Beschränkung auf den lustlosen Gang zur Wahlurne alle heiligen Zeiten oder gleich Stimmverweigerung – ist aber quasi ein Freibrief für die Polit-Funktionäre. Sie können weiterhin ungeschoren ihre parteiinternen Machtspiele betreiben, können um lukrative Posten innerhalb und außerhalb der Politik kungeln, können sich von den Lobbyisten der Konzerne bauchpinseln lassen und können es sich vielfach leisten, jene unabdingbare Pflicht zu vernachlässigen, die sie nach dem Grundgesetz zu erfüllen haben und für die sie bezahlt werden: die Pflicht, einzig dem Wohl des Volkes zu dienen.

In der gegenwärtigen Situation, wo die Weltwirtschaftskrise gravierende gesellschaftliche Verwerfungen und Bedrohungen nach sich zieht, wo Millionen ihre Arbeitsplätze verlieren und wo sich die noch schlimmeren Gefahren entwickeln, vor denen die Propheten warnten, wäre es unbedingt nötig, diejenigen an die Kandare zu nehmen, welche die Schuld am Ausbruch der Krise trugen: die außer Rand und Band geratenen Neokapitalisten, von denen viele die Wirtschaftskrise derzeit sogar noch zu weiteren krummen Touren nutzen, indem sie beispielsweise unter dem Vorwand, der Krise begegnen zu müssen, noch mehr soziale Zerstörung als bisher schon anrichten. Diese unendlich gierigen Konzernbosse und verantwortungslosen Finanzabenteurer, diese skrupellosen Profitmaximierer und eiskalten Feinde der Humanität, diese Vernichter der Sozialen Marktwirtschaft und des menschlichen Miteinander müßten mit ganz harten Bandagen zur Räson gebracht werden. Doch in der Praxis wird von seiten der etablierten Parteien so gut wie nichts gegen sie unternommen; nicht in Deutschland, nicht in der EU und schon gar nicht in den Vereinigten Staaten von Amerika, die auch nach der Wahl von Barack Obama erzkapitalistisch geblieben sind. Und angesichts dessen wächst das Gefühl der Hilflosigkeit und des Ausgeliefertseins unter den Menschen noch – doch es gäbe durchaus Möglichkeiten, erfolgreich aktiv zu werden und dafür zu sorgen, daß den Machenschaften der Neokapitalisten Einhalt geboten wird. In früheren Jahrzehnten machten die Franzosen den übrigen Europäern öfter einmal vor, wie durchschlagender Druck auf eine mißliebige Polit-Kaste ausgeübt werden kann. Wenn bestimmte Agrargesetze den französischen Bauern nicht paßten, fuhren Tausende von ihnen mit ihren Traktoren und Anhängern nach Paris und luden Berge von Stallmist vor dem Parlamentsgebäude ab, woraufhin die Regierung zumeist schnell umsteckte. Ebenso zeigten die Politiker rasche Einsicht, als bewaffnete Jäger in Regimentsstärke vor dem Parlament gegen ein restriktives Jagdgesetz demonstrierten und dabei auch Schrotschüsse fielen – und dieses bewährte Rezept, den Volksvertretern den tatsächlichen Willen des Volkes klarzumachen, würde auch in jedem anderen Land funktionieren.

So könnten beispielsweise Hunderttausende oder sogar Millionen von deutschen Bürgern einen Sternmarsch nach Berlin organisieren, das Regierungsviertel dort umzingeln und über viele Stunden oder Tage hinweg die Forderungen stellen, die ihnen auf den Nägeln brennen. Ein anderer Weg wäre, die Abgeordneten, wenn sie zu ihren regelmäßigen Sprechstunden in ihre

Wahlkreise kommen, auf ähnlich massive Art unter Druck zu setzen und ihnen tausendfach anzudrohen, sie abzuwählen, falls sie dem Willen des Volkes, der ihnen bei dieser Gelegenheit mit aller Deutlichkeit gesteckt werden könnte, nicht nachkämen. Und drittens könnten nach dem Vorbild der einstigen DDR-Bürger, die dadurch vor zwei Jahrzehnten den Fall der Berliner Mauer und damit die deutsche Wiedervereinigung ermöglichten, wochen- und monatelange Massendemonstrationen überall in den Städten durchgeführt werden, um so eine andere und bessere Politik zu erzwingen. Und die Organisationsstrukturen, die zu derartigen Maßnahmen notwendig wären, sind vorhanden: Zum einen gibt es das Internet als Informations- und Organisationsplattform, und zum anderen könnte man sich mit Greenpeace, Attac, Robin Wood, Avaaz und weiteren systemkritischen Vereinigungen kurzschließen, um sodann millionenfach gemeinsam zu agieren. Alle diese durchaus demokratischen Kampfmaßnahmen könnten durch die Neugründung einer politischen Organisation flankiert werden, die imstande wäre, sich dem derzeitigen Polit-Establishment erfolgreich entgegenzustemmen. Ein solches politisches Bündnis müßte sich ein klares und eindeutiges Programm geben, das den anständigen Menschen deutlich macht: Hier werden einzig eure Interessen vertreten.

Kompromißlose Rückkehr zu Sozialer Marktwirtschaft, härteste Bekämpfung des Neokapitalismus und seiner Vertreter, gesetzliches Verbot von unmoralisch hohen Manager-, Vorstands- und Aufsichtsratsvergütungen, Abbau einer entfesselten Bürokratie, Schaffung eines überschaubaren Steuersystems ohne Schlupflöcher für millionen- und milliardenschwere Steuerflüchtlinge, entschlossene ökologische Anstrengungen und das engagierte Bemühen, wieder eine Gesellschaft des Miteinander zu schaffen, müßten die hauptsächlichen Programmpunkte sein.

Ein derartiges Parteiprogramm würde vermutlich von sehr vielen Wählern dankbar akzeptiert, und so könnte die neue politische Vereinigung mit starkem politischen Gewicht in die Parlamente einziehen. Wenn die Kandidaten dieser echten Bürgerpartei dann auch noch basisdemokratisch, also direkt und öffentlich von den Mitgliedern gewählt würden, könnte sichergestellt werden, daß Volksvertreter im wahren Sinn des Wortes nominiert würden – und auch das wäre ein sehr positiver Gegensatz zum etablierten Polit-System, wo bei den Kandidatenküren der Wille der einfachen Parteimitglieder oft wenig oder gar nichts zählt und die sogenannten Spitzenleute häufig auf eher undurchsichtige Weise bestimmt werden.

Gewisse Ansätze, das verkrustete Polit-Establishment auszuhebeln, gibt es bereits. Es handelt sich um die vielen Gruppierungen der Freien Wähler, die in den letzten Jahren durchaus Boden gewinnen konnten, und unter Umständen könnte sich eine große neue Bürgerbewegung mit ihnen vereinigen.
Und wenn dann eine starke basisdemokratische Bürgermacht in den Parlamenten erreicht wäre, könnte zur Tat geschritten und unsere im freien Fall befindliche Gesellschaft gründlich umgebaut werden.

Wie das grundsätzlich angepackt werden müßte, wurde weiter oben bereits ausgeführt; hier noch einige vertiefende Anregungen:
Soziale Marktwirtschaft bedeutet, daß stets nach dem auch im deutschen Grundgesetz festgehaltenen Prinzip gehandelt wird: Eigentum verpflichtet (zu sozialer Einstellung). Und angesichts dessen müßte es künftig strikt verboten sein, daß sich Konzernmanager, Bankenbosse und andere sogenannte Spitzenleute an dem bereichern, was viele andere erarbeitet haben.

Die Einkommen dieser bislang so unendlich gierigen Bosse müßten daher von Staats wegen gedeckelt werden – und das rigoros. Denn die Kanzlerin der Bundesrepublik Deutschland bezieht „lediglich" ein Monatsgehalt von rund 16 000 Euro; eine Kranken- oder Altenpflegerin, die vermutlich sehr viel mehr leistet als die meisten Großverdiener, muß sich im Regelfall mit 1000 bis 2000 Euro zufriedengeben – und angesichts dessen ist es unerträglich und zutiefst unmoralisch, wenn sich Konzernmanager und Bankenbosse, die oft nur durch die Bereitschaft zu Massenentlassungen oder durch riskante Finanzspekulationen „glänzen", Millionen unter den Nagel reißen.

Was das Steuersystem in Deutschland und auch in vielen anderen Industrieländern angeht, so nützt es nicht den Bürgern, sondern eher den Steuerberatern, die vom geschröpften Steuervolk wegen des Versagens des Staates in diesem Bereich noch zusätzlich bezahlt werden müssen, und vor allem wieder den Konzernen und Banken, die sich dank der Grauzonen im System und mit Hilfe von Steuertricks oft völlig von Abgaben befreien können. Diese Trusts können Milliardenumsätze machen und bezahlen häufig gar keine Steuern dafür, während andererseits der Normalverdiener brav ans Finanzamt blecht. Und auch das dürfte nicht länger hingenommen werden; vielmehr müßte mit harter Hand gegen diese halblegalen und manchmal auch illegalen Praktiken vorgegangen werden, wodurch dann auch die Staatsdefizite deutlich verringert werden könnten.
Man mag nun einwenden, daß ein rigoroses Zurechtstutzen der neokapitalistischen Konzerne und ihrer Bosse rechtswidrig sei, weil ihre immensen Profite im Rahmen des geltenden Rechts nicht strafbar seien. Unmoralisch aber bleibt die hemmungslose Geldgier dennoch, denn sie geht zu Lasten aller anderen und richtet zudem oft schwerste humanitäre Schäden in den soge-

nannten Drittländern bis hin zu Hungerkatastrophen an. Und angesichts dessen wäre es nach Meinung des Autors sehr wohl gerechtfertigt, knallhart durchzugreifen.

Wir haben Notstandsgesetze für den Kriegsfall – und da derzeit quasi ein neokapitalistischer Wirtschaftskrieg gegen die Interessen der gesamten Menschheit geführt wird, wäre es durchaus moralisch gerechtfertigt und damit legitim, mit Wirtschafts-Notstandsgesetzen dagegenzuhalten. Mittels solcher Gesetze könnten die Neokapitalisten dann weltweit zu Paaren getrieben und ihre global agierenden Trusts, die oft schon mehr Macht als einzelne Staaten besitzen, zerschlagen werden – und nach der Zerstörung dieses verderblichen Wahnsinns könnten die anständigen und ehrlich arbeitenden Menschen und auch die Erde endlich wieder aufatmen.

Die Staaten würden nicht länger durch die neokapitalistischen Umtriebe geschädigt; ihre eigenen Finanzen könnten in Ordnung gebracht werden, und dann würden auch die sozialen Systeme wie Alters- und Krankenversorgung wieder besser funktionieren. Und was unsere Mutter Erde betrifft: Sie wäre dann von der skrupellosen Schändung durch neokapitalistische Profitgier befreit; sie würde nicht länger durch die Gifte letztlich sinnloser Industriezweige verseucht und nicht weiter aufgrund hemmungsloser Geldgier ausgebeutet. Es wäre dann auch Schluß mit den nur für gewisse Bio-Konzerne gewinnträchtigen Genmanipulationen bei Pflanzen und Tieren – und wenn das geschähe, bräuchte auch nicht einzutreten, wovor Johannes von Jerusalem und andere Visionäre warnten: ein globaler Kollaps der Natur, der apokalyptische Schrecken mit sich bringen würde. Ebenso könnten die anderen von den Propheten vorhergesagten Katastrophen verhindert werden: psychische Versklavung der Massen durch vom Neokapitalismus gesteuerte Medien, schwerste soziale Verwerfungen in den Industriegesellschaften bis hin zu Bürgerkriegen – oder sogar ein Dritter Weltkrieg, der Milliarden Menschenleben kosten und die Erde völlig verwüsten würde.

Es gibt also Hoffnung – doch die Chance, das Verhängnis noch aufzuhalten, wird ständig geringer. Denn die kriminellen Aktivitäten außer Rand und Band geratener Wirtschafts- und Finanzhaie setzen sich trotz der brandgefährlichen Turbulenzen, welche die Krise bereits ausgelöst hat, ungehemmt fort. Die Schuldigen an dem weltweiten Desaster haben nämlich seit dem Jahr 2008 überhaupt nichts dazugelernt; sie agieren skrupellos wie gehabt weiter, und in vielen Fällen wird die Wirtschaftskrise von den Trustmanagern jetzt sogar zum Vorwand genommen, um noch schlimmeren Arbeitsplatzabbau als früher zu betreiben.

Da auch viele Politiker mehr im Interesse der Megakonzerne als zum Nutzen der Bürger handeln und auf diese Weise die verderblichen Aktivitäten der Neokapitalisten noch unterstützen statt sie zu bremsen, rast die Welt förmlich auf den Abgrund zu. Der kataklysmische Absturz der Menschheit könnte daher schon in wenigen Jahren erfolgen, und deshalb gibt es, wenn überhaupt, nur noch eine Rettung: Der zu allem entschlossene Kampf gegen diejenigen, die es in ihrem grenzenlosen Profitwahn ganz offensichtlich auf die Liquidierung der menschlichen Zivilisation anlegen, muß sofort aufgenommen werden.

Und falls das nicht geschieht und dem furchtbaren Treiben der Irrsinnigen nicht schnellstens Einhalt geboten wird, dann wird wahr werden, was der britannische Druide Merlin weissagte: Sie, die Neokapitalisten, werden vom Stachel ihrer Gier getötet werden – mit ihnen aber auch Milliarden unschuldiger Menschen.

# Kurzbiographien der Propheten

**Alois Irlmaier:** Der oberbayerische Visionär (1894 – 1959) wurde im Chiemgau geboren, lebte dort als Landwirt und ließ sich später als Wünschelrutengänger und Brunnenbauer in Freilassing nieder, wo er auch verstarb. Irlmaier gilt als der wichtigste deutsche Prophet des 20. Jahrhunderts.

**Alpenschäfer Hanns Tobias Velten:** Dieser Seher, über den wenig bekannt ist, lebte im 18. und 19. Jahrhundert als Almhirte im württembergischen Allgäu. Er soll im Alter von 104 Jahren gestorben sein. Seine Prophezeiungen wurden seit der Mitte des 19. Jahrhunderts verbreitet.

**Anna Katharina Emmerich:** Die westfälische Nonne (1774 – 1824) verbrachte den größten Teil ihres Lebens in einem Kloster in Dülmen, Nordrhein-Westfalen. Sie besaß nicht nur das Zweite Gesicht, sondern war außerdem stigmatisiert.

**Anonyme Weissagung aus Westfalen:** Diese Prophezeiung, deren Verfasser unbekannt ist, wurde wahrscheinlich im 19. Jahrhundert im westfälischen Kloster von Werl niedergeschrieben.

**Bartholomäus Holzhauser:** Der katholische Kleriker und Visionär (1613 – 1658) wurde in Ingolstadt geboren und lebte später in Bingen, Mainz und im Erzbistum Salzburg.

**Bauer aus dem Waldviertel:** Der Paranormale aus dem niederösterreichischen Waldviertel legt großen Wert darauf, anonym zu bleiben. Er wurde 1938 in einem Dorf nahe der Kleinstadt Zwettl geboren und betrieb dort zeitlebens eine Landwirtschaft. Berühmt wurde er, weil er das Attentat auf John F. Kennedy und den spektakulären Einsturz der Wiener Reichsbrücke richtig vorhersagte.

**Bauer aus Selb:** Ebenso wie sein Berufskollege aus dem österreichischen Waldviertel möchte auch der noch lebende Landwirt aus dem oberfränkischen Selb unerkannt bleiben.

**Benjamin Solari Parravicini:** Der argentinische Visionär und Künstler (1898 – 1974) verbrachte sein Leben in Buenos Aires, wo er unter anderem Direktor einer Kunstgalerie war. Zu seinen Prophezeiungen und Gemälden soll er durch einen „Engel" inspiriert worden sein.

**Bernhard Rembort (Spielbähn):** Er lebte von 1689 bis 1783 in Eschmar an der Sieg in Nordrhein-Westfalen. Seinen Lebensunterhalt verdiente er als Klosterbote der Benediktinerabtei Siegburg; außerdem war er ein geschätzter Geigenspieler, weshalb er auch Spielbähn genannt wurde. Seine Weissagungen wurden im nordwestlichen Deutschland weit verbreitet.

**Berta Hacker:** Die oberpfälzische Prophetin wurde 1920 im Weiler Schachten bei Eschlkam geboren und betrieb in dieser Gegend später einen Ferienbauernhof. Nach eigenen Angaben konnte sie 1991 gefährliche Störfälle in zwei Atomkraftwerken verhindern, weil sie deren Chefingenieure rechtzeitig warnte. Berta Hacker verstarb im Jahr 2004.

**Blinder Hirte von Prag:** Dieser geheimnisvolle Seher lebte im 14. Jahrhundert. Laut einer historischen Quelle prophezeite er Anno 1356 dem damaligen Kaiser Karl IV. auf dem Prager Hradschin unter anderem den Untergang der europäischen Throne in ferner Zukunft. Der Kaiser versuchte die Verbreitung des Prophezeiungskanons zu verhindern, was ihm aber nicht gelang. Der blinde Hirte, der vermutlich nicht immer blind war und im Böhmerwald gelebt haben soll, zählt zu den wichtigsten mitteleuropäischen Visionären.

**Böhmische Prophezeiung:** Wer diese Weissagung machte, ist nicht bekannt; sie stammt aber in ihrer schriftlichen Fassung nachweislich aus dem Hochmittelalter, wahrscheinlich aus dem frühen 13. Jahrhundert, und ist mindestens seit dieser Zeit stets Volksgut in Böhmen gewesen.

**Briefe des Andreas Rill (Feldpostbriefe):** Diese Briefe, die vielfach in die Prophezeiungsliteratur eingegangen sind, wurden am 24. bzw. 30. August 1914, also zu Beginn des Ersten Weltkrieges, von dem oberbayerischen Schreinermeister Andreas Rill von der Front in den Vogesen an seine Angehörigen geschrieben. Der bayerische Handwerker gab in den beiden Briefen Weissagungen wieder, die von einem französischen Kriegsgefangenen stammten, der wahrscheinlich ein Lothringer war. Diese Prophezeiungen stellten den Verlauf des Ersten Weltkrieges, die spätere Machtergreifung Hitlers sowie den Ausbruch des Zweiten Weltkrieges richtig dar. Und darüber hinaus machte der französische Visionär auch prophetische Aussagen über einen Dritten Weltkrieg.

**Buchela:** Diese paranormal veranlagte Frau (1899 – 1986), die eigentlich Margarethe Goussanthier hieß, lebte zunächst in Remagen, dann in Bonn. Da sie auf einem Feld unter einer Buche geboren war, legte sie sich den Künstlernamen Buchela oder auch Madame Buchela zu. Erste Berühmtheit als Prophetin erlangte Margarethe Goussanthier, als sie 1953 die Wahl Konrad Adenauers zum ersten Kanzler der BRD vorhersagte. Später suchten Adenauer und auch andere Politiker immer wieder bei ihr Rat, und außerdem trug sie 1969 durch ihre Sehergabe zur Aufklärung der Soldatenmorde von Lebach bei: einem brutalen Massaker an vier Bundeswehrangehörigen, das damals Schlagzeilen machte.

**Edward Korkowski (Kölner Visionär):** Dieser Prophet lebt in der Region von Köln und wird seit einem halben Jahrhundert immer wieder von bedrohlichen Schauungen heimgesucht.

**Eismeerfischer Anton Johansson:** Dieser sehr bekannte skandinavische Visionär wurde 1858 in der schwedischen Provinz Västerbotten geboren und verstarb 1929 in der norwegischen Provinz Finnmarken. Seinen Lebensunterhalt verdiente Anton Johansson als Küstenfischer, Bauer und Gehilfe bei Landvermessungen; zudem war er als Naturheilkundiger tätig. 1907 hatte Johansson eine große Vision, in der er unter anderem drei kommende Weltkriege vorhersah. Nachdem seine detaillierten Schauungen über den Verlauf des Ersten Weltkrieges eingetroffen waren, erschien der gesamte Prophezeiungszyklus 1919 in Buchform. Später bewahrheiteten sich auch Johanssons Visionen über den Ablauf des Zweiten Weltkrieges, und ein Dritter Weltkrieg steht nach seinen Worten nahe bevor.

**Erna Stieglitz:** Die Prophetin (1894 – 1975) lebte als Nonne in einem Augsburger Kloster. Sie legte ihre Visionen schriftlich nieder, doch diese werden seit ihrem Tod von der katholischen Kirche unter Verschluß gehalten, so daß sie der Forschung nicht zur Verfügung stehen. Aber zumindest Teile der Prophezeiungen gelangten durch Freunde und Bekannte von Erna Stieglitz trotzdem an die Öffentlichkeit.

**Franz Kugelbeer:** Der Seher lebte im späten 19. und frühen 20. Jahrhundert; er war Bauer in Lochau bei Bregenz im österreichischen Vorarlberg. 1922 hatte er eine Reihe von Visionen, die dann von einem mit Kugelbeer befreundeten katholischen Mönch namens Ellerhorst niedergeschrieben wurden.

**Hepidanus von St. Gallen:** Er war ein Mönch des 11. Jahrhunderts im Benediktinerkloster von St. Gallen (Schweiz). Der Überlieferung nach soll er im Jahr 1081 eine bis ins dritte Jahrtausend reichende Vision gehabt haben, die danach von einem Mitbruder des Propheten namens

Bartholomäus niedergeschrieben wurde. In den Weissagungen des Hepidanus tauchen die beiden Weltkriege des 20. Jahrhunderts auf, und außerdem erschaute der Mönch einen Dritten Weltkrieg sowie andere katastrophale Ereignisse im 21. Jahrhundert.

**Johannes von Jerusalem:** Der französische Adlige (wahrscheinlich 1043 – 1120), der vermutlich seine Eltern früh verlor, wurde im Kloster von Vézelay (Bourgogne) erzogen. In dieser Benediktinerabtei stieg er später zur Abtswürde auf und nahm sodann im Jahr 1099 am Ersten Kreuzzug teil, der mit einem bestialischen Massaker an den Bewohnern Jerusalems endete. Nach der Eroberung Palästinas durch das Kreuzheer zog sich der Abt von Vézelay von seinem Kirchenamt zurück und lebte zeitweise als Eremit in einer judäischen Wüstengegend. Anno 1116 war der ehemalige Kreuzritter einer der neun Gründer des Templerordens; er wurde also zu einem der ersten Tempelritter. Irgendwann zwischen 1116 und 1120 hatte Johannes von Jerusalem, wie er sich nun nannte, seine großen Visionen, die er dann unter dem Titel „Die Schrift der Weissagungen" niederschrieb. Später fertigte der Templer sechs Abschriften dieses Prophezeiungszyklus an, die er an Freunde, darunter Hugues de Payens, den damaligen Großmeister des Templerordens, verteilte. Diese Texte traten im Lauf der folgenden Jahrhunderte eine wahre Odyssee durch die mittelalterliche Welt an; einige Exemplare sollen bis Konstantinopel, ins Geheimarchiv des Vatikan und sogar bis Tibet gelangt sein. Zuletzt galten sämtliche Abschriften als verschollen – doch zu Beginn der 90er Jahre des 20. Jahrhunderts entdeckte ein französischer Historiker namens Galvieski eines der mittelalterlichen Exemplare im KGB-Archiv der ehemaligen Sowjetunion. Er publizierte die Prophezeiungen des Johannes von Jerusalem danach in Frankreich; seitdem haben sie weite Verbreitung gefunden – und das genau zum richtigen Zeitpunkt, denn die Weissagungen des Tempelritters setzen am Anfang des dritten Jahrtausends ein.

**Josef Kronschnabl:** Der Visionär aus dem Bayerischen Wald wurde 1940 im Klosterdorf Rinchnach (nahe der Stadt Regen) geboren und verstarb dort im Jahr 2001. Er war auch Rutengänger, Pendler und Heilkundiger. Kronschnabl warnte immer wieder vor den gefährlichen Auswirkungen der modernen Kommunikationstechnik – und bei seiner Beerdigung im Februar 2001 fielen plötzlich alle elektronischen Geräte wie das Mikrophon des Pfarrers und die Verstärker einer Musikkapelle aus.

**Katharina aus dem Ötztal:** Sie lebte als Bäuerin von 1883 bis 1951 im hinteren Ötztal in Österreich und verblüffte ihre Familie und ihre

Nachbarn immer wieder durch Voraussagen, die eintrafen. Und in einer großen Vision erschaute sie die künftigen bürgerkriegsähnlichen Kämpfe in ihrer Heimat.

**La Salette (Madonnenprophezeiung):** La Salette, ein Bergdorf, liegt in der Region von Grenoble in den französischen Alpen. Im Jahr 1846 hatten dort zwei Bauernkinder, die auf einer Alm Kühe hüteten, die Erscheinung einer vor Schmerz gebeugten, weinenden Frau, die von einer Lichtaura umgeben war. Diese Frau sprach von Kriegen und anderen grauenhaften Ereignissen, die im 20. und 21. Jahrhundert eintreten würden – und später wurde das Erlebnis, welches die Kinder hatten, als Madonnenerscheinung interpretiert.

**Lied der Linde:** Dieses vielstrophige Prophezeiungsgedicht befand sich seit dem späten 19. Jahrhundert im Besitz einer Passauer Familie, die es 1947 dem Traunsteiner Schriftsteller und Verleger Conrad Adlmaier zur Verfügung stellte. Adlmaier, der einige Jahre später auch erstmals die Irlmaier-Prophezeiungen in einer Broschüre veröffentlichte, ließ die Passauer Gedichtfassung wissenschaftlich untersuchen, wobei sich herausstellte, daß sie um das Jahr 1850 niedergeschrieben worden war.
Ob es sich um die Abschrift eines älteren Textes handelte, konnte nicht geklärt werden. Adlmaier eruierte jedoch, daß eine Urschrift des Weissagungstextes irgendwann im hohlen Stamm einer uralten Linde gefunden worden war. Dieser Baum wuchs an einem Hohlweg, der zum Friedhof der Stadt Staffelstein (Franken) führte, und der Platz unter der Linde diente jahrhundertelang als Gerichtsort. Heute steht die hohle Linde leider nicht mehr; Überreste des Baumes werden aber im Heimatmuseum von Staffelstein aufbewahrt.

**Lourdes-Prophezeiungen:** Anno 1858 sollen drei Bauernmädchen in einer Grotte nahe der südfranzösischen Stadt Lourdes ein übernatürliches Erlebnis gehabt haben. Sie erblickten eine sehr schöne Frau, die ihnen befahl, während der kommenden zwei Wochen täglich zu der Felsgrotte zu kommen. Die Mädchen gehorchten, und während der Zusammenkünfte hörten sie von der Unbekannten verschiedene Weissagungen.
Diese Prophezeiungen wurden später von einem Pfarrer aus Lourdes publik gemacht, und bis heute glauben Millionen Katholiken, daß es sich um Weissagungen aus der Mund der Muttergottes handeln würde.

**Mühlhiasl:** Er hieß eigentlich Matthäus Lang und zählt zu den bedeutendsten deutschsprachigen Sehern. Geboren wurde Matthäus Lang im

Jahr 1753, gestorben ist er wahrscheinlich 1809. Er betrieb zunächst eine Mühle in seinem Geburtsort Apoig (heute Gemeinde Hunderdorf im niederbayerischen Landkreis Straubing-Bogen). Diese Mühle befand sich im Eigentum des nahegelegenen Klosters Windberg, und als Matthäus Lang im Jahr 1801 ein Darlehen, das ihm der Windberger Abt bewilligt hatte, nicht zurückzahlen konnte, wurde er samt seiner Familie von der Klostermühle vertrieben. Von da an führte der Mühlhiasl ein Wanderleben im Bayerischen Wald und schlug sich zunächst mit Gelegenheitsarbeiten durch. Später ließ er sich im Glashüttendorf Rabenstein bei Zwiesel nieder und brachte sich dort als Waldhirte und Kohlenbrenner fort. In Rabenstein starb er auch, und danach soll er in Zwiesel begraben worden sein.

**Padre Pio:** Der Seher (1887 – 1968) lebte in der süditalienischen Stadt Rotondo als Mönch im dortigen Kapuzinerkloster. Seine Prophezeiungen sind in Italien weit verbreitet, und außerdem werden dem Kapuzinermönch wundersame Heilungen zugeschrieben.

**Palma Maria von Oria:** Die Stadt Oria liegt im süditalienischen Apulien, und die Paranormale Palma Maria lebte dort von 1825 bis 1872. Sie war nicht nur Visionärin, sondern litt auch unter Stigmatisierungen, wobei sich die „Wundmale Christi" an ihrem Körper zeigten.

**Prokop:** Der unter diesem Namen bekannte Bayerwaldprophet, der eigentlich Josef Schmid hieß, wurde 1887 in der Gegend von Zwiesel geboren und verstarb dort 1965. Sein Leben fristete er als Viehhirte auf den Waldweiden seiner Heimat im bayerisch-böhmischen Grenzgebiet.

**Sepp Wudy:** Dieser Hellseher ist auch unter der Bezeichnung „Knecht vom Frischwinkel" in die Prophezeiungsliteratur eingegangen, weil er aus dem Frischwinkel stammte: einem Weiler bei Eisenstraß im böhmischen Grenzland zu Ostbayern. Geboren wurde Sepp Wudy 1870, gestorben ist er 1915 als Soldat im Ersten Weltkrieg. Bis Ausbruch des Krieges arbeitete er als Bauernknecht auf verschiedenen Höfen seiner Heimat, und als sein Einberufungsbefehl zum Militär kam, sagte er zu seinem Brotherrn, daß er nicht mehr aus dem Krieg zurückkehren würde.

**Sibylle von Prag:** Diese geheimnisvolle Frau, die auch als Sibylle Michalda oder Sibylla Weis bekannt ist, wurde um das Jahr 1570 als Tochter eines Grafen geboren, wie es in den Überlieferungen über sie heißt. Die gräfliche Familie hatte Besitzungen in Böhmen und Nordbayern, verarmte dann aber – möglicherweise weil sie protestantisch war und deshalb von den Katholiken verfolgt wurde. Als die Komteß Michalda auch noch ihren Verlobten verlor, der auf einem Schlachtfeld fiel, brach sie völlig aus ihrem bisherigen Leben aus. Viele Jahre wanderte sie mit einer Zigeunergruppe durch Südeuropa und den Orient, und als sie schließlich in ihre Heimat zurückkehrte, war sie zur Visionärin geworden. Ihre Prophezeiungen erschienen Anno 1616 erstmals in Buchform, und in diesem Werk, das in Prag gedruckt wurde, sagte Michalda sehr präzise den Verlauf der Schlacht am Weißen Berg vorher, die im Jahr 1620, zu Beginn des Dreißigjährigen Krieges, bei Prag stattfand. Michalda überlebte den jahrzehntelangen Krieg und wirkte danach noch einige Zeit als Seherin und Heilerin in Prag und zeitweise auch im Fichtelgebirge. 1658 starb sie in ihrem Haus auf der Prager Kleinseite, und in den folgenden Jahrhunderten bewahrheiteten sich immer mehr ihrer Visionen, die bis ins dritte Jahrtausend reichen.

**Stormberger:** Er war wie der Mühlhiasl ein Bayerwald-Prophet und wird manchmal mit Matthäus Lang verwechselt. In einigen Quellen taucht er auch als Starnberger oder Sturmberger auf; klar ist lediglich sein Vorname Andreas. Der Stormberger wurde irgendwann in der ersten Hälfte des 18. Jahrhunderts geboren, und zwar laut Volksüberlieferung im bayerisch-böhmischen Grenzgebiet bei Zwiesel. Sein Todesjahr ist unbekannt – er muß aber später als 1766 verstorben sein, denn aus diesem Jahr datiert eine Lohnabrechnung mit seinem Namen. Sie ist von der Rabensteiner Glashütte (bei Zwiesel) ausgestellt, für die Andreas Stormberger als Aschenbrenner arbeitete; das heißt, er stellte Pottasche für die Glasproduktion her.

**Wessel Dietrich Eilert (der alte Jasper):** Dieser Visionär (1764 – 1833) verbrachte sein Leben als Schäfer und Landarbeiter auf einem Gutshof der Grafen Plettenberg in einem Dorf nahe Dortmund. Als er bereits im fortgeschrittenen Alter stand, bürgerte sich für ihn der Name „alter Jasper" ein. Seine Weissagungen, die weit im Lande umliefen, wurden erstmals im Jahr 1848 von einem Bonner Drucker publiziert.

**Wladyslaw Biernacki:** Der noch lebende polnische Visionär und Bauer war ein Freund des Papstes Karol Wojtyla und soll zeitweise auch als dessen Berater gewirkt haben. Dies drückt sich auch in seinen Prophezeiungen aus, die zum Teil stark katholisch gefärbt sind.

# Literaturhinweise

Bei der Erarbeitung des vorliegenden Buches wurden die nachstehenden Werke benutzt:

**Wolfgang Johannes Bekh:** „Bayerische Hellseher". Knaur Verlag, 1985. „Am Vorabend der Finsternis". Ludwig Verlag, 1993. (Die Weissagungen des Bauern aus dem Waldviertel, die sich im vorliegenden Buch finden, wurden Briefen entnommen, welche der genannte Prophet an Wolfgang Johannes Beckh sowie an den Freiburger Professor und Parapsychologen Hans Bender richtete. Diese Briefe sind in dem oben genannten Werk „Bayerische Hellseher" enthalten; die bewußten visionären Briefstellen wurden vom Autor des vorliegenden Buches zum Teil sprachlich bearbeitet und nach seinem Ermessen zu Prophezeiungskanons zusammengestellt.)

**Stephan Berndt:** „Prophezeiungen – Alte Nachrichten in neuer Zeit". G.-Reichel-Verlag, 2001.

**Leo H. DeGard:** „Armageddon". Kopp Verlag, 2005.

**Max Erbstein:** „Der Blinde Jüngling". Aufstieg Verlag, 1950.

**Paul Friedl (Baumsteftenlenz):** „Prophezeiungen aus dem bayerisch-böhmischen Raum". Rosenheimer Verlag, 1974.

**N. N. Galvieski:** „Le livre des propheties". Editions Jean-Claude Lattès, 1994. (Deutsche Übersetzung der Prophezeiungen vom Autor.)

**Anton Gustafsson:** „Merkwürdige Gesichte! Die Zukunft der Völker, gesehen vom Eismeerfischer Anton Johansson aus Lebesby". Sverigefondens Förlag, 1953.

**Emanuel Jungmann:** „Die Weissagungen des Blinden Jünglings". Keine Verlagsangabe, 1922.

**Sven Loerzer:** „Visionen und Prophezeiungen". Weltbild Verlag, 1997.

**A. T. Mann:** „Prophezeiungen zur Jahrtausendwende". Scherz Verlag, 1995.

**Alois Meiereder (Hrsg.):** „Berta – Bäuerin aus dem Bayerwald". Selbstverlag, 2002. (Die im vorliegenden Buch vorgestellten Textstellen wurden gegenüber dem Original teilweise gekürzt und so auf ihren wesentlichen Aussagegehalt reduziert.)

**Sibylle Michalda:** „Die Prophezeiung der Sibylle Michalda".
Erstmals erschienen in Prag, 1616. (Private Übersetzung.)

**Außerdem wurden die folgenden Sachbücher des Autors benutzt:**

**Manfred Böckl:** „Die berühmtesten Propheten Europas und ihre Weissagungen für das Dritte Jahrtausend". Kopp Verlag, 2007.
**Manfred Böckl:** „Der Mühlhiasl. Seine Prophezeiungen. Sein Wissen um Erdstrahlen, Kraftplätze und Heilige Orte. Sein verborgenes Leben". Buch & Kunstverlag Oberpfalz, 1998.
**Manfred Böckl:** „Das große Weltabräumen". Weissagungen über die Endzeit in Bayern". Verlagsanstalt Bayerland, 2008.
**Manfred Böckl:** „Merlin. Leben und Vermächtnis des keltischen Menschheitslehrers". Arun Verlag, 2006.

**Romane des Autors über einige der vorgestellten Propheten:**

**Manfred Böckl:** „Mühlhiasl. Der Seher vom Rabenstein".
SüdOst Verlag, 2005.
**Manfred Böckl:** „Prophet der Finsternis. Leben und Visionen des Alois Irlmaier". Sutton Verlag, 2009.
**Manfred Böckl:** „Der Prophet aus dem Böhmerwald"
(Blinder Hirte von Prag). Verlagsanstalt Bayerland, 2006.
**Manfred Böckl:** „Merlin. Der Druide von Camelot".
Aufbau Verlag, 2007.

# Weitere interessante Titel des Autors